NDROMAQVE,

TRAGEDIE.

A PARIS,
ez HENRY LOYSON, dans la Cour du Palais, au bas des degrez de la Sainte Chapelle, à l'Esperance.

M. DC. LXXIII.
AVEC PRIVILEGE DV ROY.

A MADAME.

ADAME,

Ce n'eſt pas ſans ſujet que ie mets voſtre illuſtre Nom à

la teste de cét Ouurage. Et de quel autre nom pourrois-ie esbloüir les yeux de mes Lecteurs, que de celuy dont mes Spectateurs ont esté si heureusement esbloüis ? On sçauoit que VOSTRE ALTESSE ROYALE *auoit daigné prendre soin de la conduite de ma Tragedie. On sçauoit que vous m'auiez presté quelques-vnes de vos lumieres, pour y adjoûter de nouueaux ornemens. On sçauoit enfin que vous l'auiez honnorée de quelques larmes, dés la premiere lecture que ie vous en fis. Pardonnez-moy,* MADAME, *si i'ose me vanter de cét heureux commencement de ſa deſtinée. Il me conſole bien glorieuſement de la dureté de ceux qui ne voudroient pas s'en laiſſer toucher. Ie leur permets de condamner l'Andromaque tant qu'ils voudront, pourueû qu'il me ſoit permis d'apeller de toutes les ſubtilitez de leur eſprit, au Cœur de V. A. R.*

Mais, MADAME, ce n'eſt pas ſeulement du cœur que vous iugez de la bonté d'vn Ouurage, c'eſt auec vne intelligence, qu'aucune fauſſe lueur ne ſçauroit tromper. Pouuons-nous mettre ſur la Scene vne

Histoire que vous ne possediez aussi bien que Nous? Pouuons-nous faire joüer une intrigue, dont vous ne penetriez tous les ressorts? Et pouuons-nous conceuoir des sentimens si nobles & si delicats, qui ne soient infiniment au dessous de la noblesse & de la delicatesse de vos pensées?

On sçait, MADAME, & V. A. R. a beau s'en cacher, que dans ce haut degré de gloire où la Nature & la Fortune ont pris plaisir de vous esleuer, Vous ne dédaignez pas cette gloire obscure que les gens de lettres s'estoient reser-

uée. Et il ſemble que vous ayez voulu auoir autant d'auantage ſur noſtre Sexe par les connoiſſances & par la ſolidité de voſtre eſprit, que vous excellez dans le voſtre par toutes les graces qui vous enuironnent. La Cour vous regarde comme l'Arbitre de tout ce qui ſe fait d'agreable. Et nous qui trauaillons pour plaire au public, nous n'auons plus que faire de demander aux Sçauans ſi nous trauaillons ſelon les Regles. La Regle ſouueraine, eſt de plaire à V. A. R.

Voila ſans doute la moindre de vos excellentes qualitez.

Mais, MADAME, c'est la seule dont i'ay pû parler auec quelque connoissance; les autres sont trop éleuées au dessus de moy. Ie n'en puis parler sans les rabaisser par la foiblesse de mes pensées, & sans sortir de la profonde veneration auec laquelle ie suis,

MADAME,

DE VOSTRE ALTESSE ROYALE,

Le tres-humble, tres-obeissant, & tres-fidelle seruiteur, RACINE.

VIRGILE
AV TROISIESME LIVRE DE L'ENEIDE.

C'est Enée qui parle.

Littoraque Epeiri legimus, portuque subimus
Chaonio, & celsam Buthroti ascendimus Vrbem.
Sollemnes tum forte dapes, & tristia dona
Libabat cineri Andromache, Manesque vocabat
Hectoreũ ad tumulũ, viridi quem cespite inanẽ,
Et geminas, causã lachrymis, sacrauerat Aras...
Dejecit vultum, & demissâ voce locuta est.
O felix vna ante alias Priameïa Virgo,
Hostilem ad tumulum, Trojæ sub mœnibus altis
Iussa mori! quæ sortitus non pertulit vllos,
Nec victoris heri tetigit Captiua cubile.
Nos Patria incensa; diuersa per æquora, vectæ,
Stirpis Achilleæ fastus, Iuuenemque superbum
Seruitio enixæ tulimus, qui deinde secutus
Ledæam Hermionem, Lacedæmoniosque hymenæos....

Ast illum erepta magno inflammatus amore
Conjugis, & scelerum Furiis agitatus Orestes
Excipit incautum, patriasque obtruncat ad Aras.

Voila en peu de Vers tout le sujet de cette Tragedie. Voila le lieu de la Scene, l'Action qui s'y passe, les quatre principaux Acteurs, & mesme leurs Caracteres. Excepté celuy d'Hermionne, dont la jalousie & les emportemens sont assez marquez dans l'Andromaque d'Euripide.

Mais veritablement mes Personnages sont si fameux dans l'Antiquité, que pour peu qu'on la connoisse, on verra fort bien que je les ay rendus tels, que les anciens Poëtes nous les ont donnez. Aussi n'ay-je pas pensé qu'il me fust permis de rien changer à leurs mœurs. Toute la liberté que j'ay prise, ç'a esté d'adoucir vn peu la ferocité de Pyrrhus, que Seneque dans sa Troade, & Virgile dans le second de l'Eneïde, ont poussée beaucoup plus loin, que je n'ay crû le deuoir faire.

Encore s'est-il trouué des Gens qui se sont plaints qu'il s'emportast contre Andromaque, & qu'il voulust épouser cette Captiue à quelque prix que ce fust. I'auouë qu'il n'est pas assez resigné à la volonté de sa Maistresse, & que Celadon a mieux connu que luy le parfait Amour. Mais que faire ? Pyrrhus n'auoit pas lû nos Romans. Il estoit violent de son naturel. Et tous les Heros ne ſont pas faits pour eſtre des Celadons.

Quoy qu'il en ſoit, le Public m'a eſté trop fauorable, pour m'embaraſſer du chagrin particulier de deux ou trois perſonnes, qui voudroient qu'on reformaſt tous les Heros de l'Antiquité, pour en faire des Heros parfaits. Ie trouue leur intention fort bonne, de vouloir qu'on ne mette ſur la Scene que des hommes impeccables. Mais je les prie de ſe ſouuenir, que ce n'eſt pas à moy de changer les regles du Theatre. Horace nous recommande de dépeindre Achile, farouche, inexorable, violent, tel qu'il eſtoit, & tel qu'on dépeint ſon Fils. Et Ariſtote bien éloigné de nous demander des Heros parfaits, veut au contraire que les Perſonnages tragiques, c'eſt à dire, ceux dont le mal-heur fait la cataſtrophe de la Tragedie, ne ſoient ny tout à fait bons, ny tout à fait méchans. Il ne veut pas qu'ils ſoient extremément bons, parce que la punition d'vn homme de bien exciteroit plûtoſt l'indignation, que la pitié du ſpectateur; ny qu'ils ſoient méchans auec excés, parce qu'on n'a point pitié d'vn ſcelerat. Il faut donc qu'ils ayent vne bonté mediocre, c'eſt à dire, vne vertu capable de foibleſſe, & qu'ils tombent dans le mal-heur par quelque faute, qui les faſſe plaindre, ſans les faire déteſter.

ACTEVRS.

ANDROMAQVE,	Veuue d'Hector, Captiue de Pyrrhus.
PYRRHVS,	Fils d'Achille, Roy d'Epire.
ORESTE,	Fils d'Agamemnon, Amant d'Hermionne.
HERMIONNE,	Fille d'Helene, accordée auec Pyrrhus.
PYLADE,	Amy d'Oreste.
CLEONNE,	Confidente d'Hermionne.
CEPHISE,	Confidente d'Andromaque.
PHOENIX,	Gouuerneur d'Achille, & ensuite de Pyrrhus.

Suite d'ORESTE.

La Scene est à Buthrot, ville d'Epire, dans vne Salle du Palais de Pyrrhus.

ANDROMAQVE,
TRAGEDIE.

ACTE PREMIER.
SCENE PREMIERE.
ORESTE, PYLADE.

ORESTE.

Vy, puis que ie retrouue vn Amy si fidelle,
Ma Fortune va prendre vne face nouuelle;
Et déja son courroux semble s'estre adouci,
Depuis qu'elle a pris soin de nous rejoindre ici.

Qui m'euſt dit, qu'vn riuage à mes vœux ſi funeſte,
Préſenteroit d'abord Pylade aux yeux d'Oreſte,
Qu'apres plus de ſix mois que ie t'auois perdu,
A la Cour de Pyrrhus tu me ſerois rendu!

PYLADE.

I'en rends graces au Ciel, qui m'arreſtant ſans ceſſe,
Sembloit m'auoir fermé le chemin de la Gréce,
Depuis le jour fatal que la fureur des Eaux,
Preſque aux yeux de Mycéne, écarta nos Vaiſſeaux.
Combien dans cét exil ay-je ſouffert d'allarmes?
Combien à vos malheurs ay-je donné de larmes?
Craignãt toûjours pour vous quelque nouueau dãger
Que ma triſte Amitié ne pouuoit partager.
Sur tout ie redoutois cette Mélancolie
Où j'ay veu ſi long-temps voſtre Ame enſeuelie.
Ie craignois que le Ciel, par vn cruel ſecours,
Ne vous offrît la mort, que vous cherchiez toûjours.
Mais je vous voy, Seigneur, & ſi j'oſe le dire,
Vn Deſtin plus heureux vous conduit en Epire.
Le pompeux Appareil qui ſuit icy vos pas,
N'eſt point d'vn Malheureux qui cherche le trépas.

ORESTE.

Helas! qui peut ſçauoir le Deſtin qui m'ameine?
L'Amour me fait icy chercher vne Inhumaine.
Mais qui ſçait ce qu'il doit ordonner de mon Sort,
Et ſi je viens chercher, ou la vie, ou la mort?

PYLADE.

Quoy! voſtre Ame à l'Amour, en Eſclaue aſſeruie,
Se repoſe ſur luy du ſoin de voſtre vie?

Par quels charmes, apres tant de tourmens soufferts,
Peut-il vous inuiter à rentrer dans ses fers ?
Pensez-vous qu'Hermionne, à Sparte inéxorable,
Vous prépare en Epire vn Sort plus fauorable ?
Honteux d'auoir poussé tant de vœux superflus,
Vous l'abhorriez. Enfin, vous ne m'en parliez plus.
Vous me trompiez, Seigneur.

ORESTE.

Ie me trompois moy-même.
Amy, n'insulte point vn Malheureux qui t'aime.
T'ay-je jamais caché mon cœur & mes desirs ?
Tu vis naistre ma flâme & mes premiers soûpirs.
Enfin, quand Menelas dispoſa de sa Fille
En faueur de Pyrrhus, vangeur de sa Famille ;
Tu vis mon desespoir, & tu m'as veu depuis
Traîner de Mers en Mers ma chaîne & mes ennuis.
Ie te vis à regret, en cét estat funeste,
Prest à suiure par tout le déplorable Oreste,
Toûjours de ma fureur interrompre le cours,
Et de moy-mesme enfin me sauuer tous les jours.
Mais quand je me souuins, que parmy tant d'allarmes
Hermionne à Pyrrhus prodiguoit tous ses charmes,
Tu sçais de quel courroux mon cœur alors épris
Voulut, en l'oubliant, vanger tous ses mépris.
Ie fis croire, & je crûs ma victoire certaine.
Ie pris tous mes trãsports pour des trãsports de haine;
Détestant ses rigueurs, rabaissant ses attraits,
Ie défiois ses yeux de me troubler jamais.
Voila comme je crûs étouffer ma tendresse.
Dans ce calme trompeur j'arriuay dans la Gréce ;
Et je trouuay d'abord ses Princes rassemblez,
Qu'vn péril assez grand sembloit auoir troublez.

I'y courus. Ie pensay que la Guerre, & la Gloire,
De soins plus importans rempliroient ma memoire;
Que mes sens reprenant leur premiere vigueur,
L'Amour acheueroit de sortir de mon Cœur.
Mais admire auec moy le Sort, dont la poursuite
Me fait courir moy-mesme au piege que j'éuite.
I'entens de tous costez qu'on menace Pyrrhus.
Toute la Gréce éclate en murmures confus.
On se plaint, qu'oubliant son Sang, & sa promesse,
Il éleue en sa Cour l'Ennemy de la Gréce,
Astyanax, d'Hector jeune & malheureux Fils,
Reste de tant de Roys sous Troye enseuelis.
I'apprens, que pour rauir son enfance au Supplice,
Andromaque trompa l'ingénieux Vlysse,
Tandis qu'vn autre Enfant arraché de ses bras,
Sous le nom de son Fils, fut conduit au trépas.
On dit, que peu sensible aux charmes d'Hermionne,
Mon Riual porte ailleurs son Cœur & sa Couronne;
Ménelas, sans le croire, en paroist affligé,
Et se plaint d'vn Hymen si long-temps negligé.
Parmy les déplaisirs où son Ame se noye,
Il s'éleue en la mienne vne secrette joye.
Ie triomphe, & pourtant je me flate d'abord
Que la se[illegible]geance excite ce transport.
Mais l'Ing[illegible] en mon Cœur reprit bientost sa place,
De mes feux mal éteints je reconnus la trace,
Ie sentis que ma haine alloit finir son cours,
Ou plûtost je sentis que je l'aimois toûjours.
Ainsi de tous les Grecs je brigue le suffrage.
On m'enuoye à Pyrrhus. I'entreprens ce voyage.
Ie viens voir si l'on peut arracher de ses bras
Cét Enfant, dont la vie allarme tant d'Estats.
Heureux, si je pouuois dans l'ardeur qui me presse,
Au lieu d'Astyanax, luy rauir ma Princesse.

Car enfin n'attens pas que mes feux redoublez,
Des périls les plus grands, puissent estre troublez.
Puis qu'apres tant d'efforts ma resistance est vaine,
Ie me liure en aueugle au transport qui m'entraîne,
I'aime, je viens chercher Hermionne en ces lieux,
La fléchir, l'enleuer, ou mourir à ses yeux.
Toy qui connois Pyrrhus, que penses-tu qu'il fasse?
Dans sa Cour, dãs son Cœur, dy-moy ce qui se passe.
Mon Hermionne encor le tient-elle asseruy?
Me rendra-t'il, Pylade, vn Cœur qu'il m'a rauy?

PYLADE.

Ie vous abuserois, si j'osois vous promettre
Qu'entre vos mains, Seigneur, il voulut la remettre.
Non, que de sa Conqueste il paroisse flaté.
Pour la Veuue d'Hector ses feux ont éclaté.
Il l'aime. Mais enfin cette Veuue inhumaine
N'a payé jusqu'icy son amour que de haine,
Et chaque jour encore on luy voit tout tenter,
Pour fléchir sa Captiue, ou pour l'épouuanter.
Il luy cache son Fils, il menasse sa teste,
Et fait couler des pleurs, qu'aussi-tost il arreste.
Hermionne elle-mesme a veu plus de cent fois
Cet Amant irrité reuenir sous ses loix,
Et de ses vœux troublez luy rapportant l'hommage,
Soûpirer à ses pieds moins d'amour, que de rage.
Ainsi n'attendez pas, que l'on puisse aujourd'huy
Vous répondre d'vn Cœur, si peu maistre de luy.
Il peut, Seigneur, il peut dans ce desordre extréme,
Epouser ce qu'il hait, & perdre ce qu'il aime.

ORESTE.

Mais dy-moy, de quel œil Hermionne peut voir
Ses attraits offensez, & ses yeux sans pouuoir.

PYLADE.

Hermionne, Seigneur, au moins en apparance,
Semble de ſon Amant dédaigner l'inconſtance,
Et croit que trop heureux d'appaiſer ſa rigueur,
Il la viendra preſſer de reprendre ſon Cœur.
Mais je l'ay veuë enfin me confier ſes larmes.
Elle pleure en ſecret le mépris de ſes charmes.
Toûjours preſte à partir, & demeurant toûjours,
Quelquefois elle appelle Oreſte à ſon ſecours.

ORESTE.

Ah! ſi ie le croyois, i'irois bientoſt, Pylade,
Me jetter....

PYLADE.

Acheuez, Seigneur, voſtre Ambaſſade.
Vous attendez le Roy. Parlez, & luy montrez
Contre le Fils d'Hector tous les Grecs conjurez.
Loin de leur accorder ce Fils de ſa Maiſtreſſe,
Leur haine ne fera qu'irriter ſa tendreſſe.
Plus on les veut broüiller, plus on va les vnir.
Preſſez. Demandez tout, pour ne rien obtenir.
Il vient.

ORESTE.

Hé bien, va donc diſpoſer la Cruelle
A reuoir vn Amant qui ne vient que pour elle.

SCENE II.

PYRRHVS, ORESTE, PHOENIX.

ORESTE.

AVant que tous les Grecs vous parlent par ma voix,
Souffrez que ie me flate en ſecret de leur choix,
Et qu'à vos yeux, Seigneur, ie montre quelque ioye
De voir le Fils d'Achille, & le Vainqueur de Troye.
Oüy : Comme ſes exploits, nous admirons vos coups;
Hector tomba ſous luy; Troye expira ſous vous;
Et vous auez montré, par vne heureuſe audace,
Que le Fils ſeul d'Achille a pû remplir ſa place.
Mais ce qu'il n'euſt point fait, la Gréce auec douleur
Vous voit du Sang Troyen releuer le malheur,
Et vous laiſſant toucher d'vne pitié funeſte,
D'vne Guerre ſi longue entretenir le reſte.
Ne vous ſouuient-il plus, Seigneur, quel fut Hector?
Nos Peuples affoiblis s'en ſouuiennent encor.
Son nom ſeul fait frémir nos Veuues, & nos Filles,
Et dans toute la Gréce, il n'eſt point de Familles,
Qui ne demandent conte à ce malheureux Fils,
D'vn Pere, ou d'vn Epoux, qu'Hector leur a rauis.
Et qui ſçait ce qu'vn iour ce Fils peut entreprendre?
Peut-eſtre dans nos Ports nous le verrons deſcendre,

Tel qu'on a veu ſon Pere embrazer nos Vaiſſeaux,
Et la flâme à la main, les ſuiure ſur les Eaux.
Oſeray-ie, Seigneur, dire ce que ie penſe?
Vous-meſme de vos ſoins craignez la recompenſe,
Et que dans voſtre ſein ce Serpent éleué
Ne vous puniſſe vn iour de l'auoir conſerué.
Enfin, de tous les Grecs ſatisfaites l'enuie,
Aſſurez leur vangeance, aſſurez voſtre vie.
Perdez vn Ennemy d'autant plus dangereux,
Qu'il s'eſſayra ſur vous à combattre contre-eux.

PYRRHVS.

La Gréce en ma faueur eſt trop inquiétée.
De ſoins plus importans ie l'ay cruë agitée,
Seigneur, & ſur le nom de ſon Ambaſſadeur,
I'auois dans ſes projets conceu plus de grandeur.
Qui croiroit en effet, qu'vne telle entrepriſe
Du Fils d'Agamemnon meritaſt l'entremiſe,
Qu'vn Peuple tout entier, tant de fois triomphant,
N'euſt daigné conſpirer que la mort d'vn Enfant?
Mais à qui pretend-on que ie le ſacrifie?
La Gréce a-t'elle encor quelque droit ſur ſa vie?
Et ſeul de tous les Grecs ne m'eſt-il pas permis
D'ordonner des Captifs que le Sort m'a ſoûmis?
Oüy, Seigneur, lors qu'au pied des murs fumans de Troye,
Les Vainqueurs tout ſanglans partagerent leur Proye,
Le Sort, dont les Arreſts furent alors ſuiuis,
Fit tomber en mes mains Andromaque & ſon Fils.
Hécube, prés d'Vlyſſe, acheua ſa miſere;
Caſſandre, dans Argos, a ſuiuy voſtre Pere.
Sur eux, ſur leurs Captifs, ay-je étendu mes droits?
Ay-je enfin diſpoſé du fruit de leurs Exploits?

On craint, qu'auec Hector Troye vn iour ne renaisse:
Son Fils peut me rauir le iour que ie luy laisse :
Seigneur, tant de prudence entraisne trop de soin.
Ie ne sçay point préuoir les malheurs de si loin.
Ie songe quelle estoit autrefois cette Ville,
Si superbe en Rampars, en Héros si fertile,
Maistresse de l'Asie, & ie regarde enfin
Quel fut le Sort de Troye, & quel est son Destin.
Ie ne voy que des Tours, que la cendre a couuertes,
Vn Fleuue teint de sang, des Campagnes desertes,
Vn Enfant dans les fers, & ie ne puis songer
Que Troye en cet estat aspire à se vanger.
Ah! si du Fils d'Hector la perte estoit jurée,
Pourquoy d'vn an entier l'auons-nous differée?
Dans le sein de Priam n'a-t'on pû l'immoler?
Sous tant de Morts, sous Troye, il faloit l'accabler.
Tout estoit iuste alors. La Vieillesse & l'Enfance
En vain sur leur foiblesse appuyoient leur défance.
La Victoire, & la Nuit, plus cruelles que nous,
Nous excitoiét au meurtre, & confondoiét nos coups.
Mon courroux aux Vaincus ne fut que trop seuere.
Mais que ma Cruauté suruiue à ma Colere?
Que malgré la pitié dont ie me sens saisir,
Dans le sang d'vn Enfant ie me baigne à loisir?
Non, Seigneur. Que les Grecs cherchent quelque autre Proye,
Qu'ils poursuiuent ailleurs ce qui reste de Troye.
De mes inimitiez le cours est acheué,
L'Epire sauuera ce que Troye a sauué.

ORESTE.

Seigneur, vous sçauez trop, auec quel artifice
Vn faux Astyanax fut offert au Suplice.

Où le seul Fils d'Hector deuoit estre conduit.
Ce n'est pas les Troyens, c'est Hector qu'on poursuit.
Oüy, les Grecs sur le Fils persecutent le Pere.
Il a par trop de sang acheté leur colere.
Ce n'est que dans le sien qu'elle peut expirer,
Et jusques dans l'Epire il les peut attirer.
Préuènez les...

PYRRHVS.

Non, non. I'y consens auec joye.
Qu'ils cherchent dans l'Epire vne seconde Troye.
Qu'ils confondent leur haine, & ne distinguent plus
Le sang qui les fit vaincre, & celuy des Vaincus.
Aussi-bien ce n'est pas la premiere injustice,
Dont la Gréce, d'Achille a payé le seruice.
Hector en profita, Seigneur, & quelque jour
Son Fils en pourroit bien profiter à son tour.

ORESTE.

Ainsi la Gréce en vous trouue vn Enfant rebelle?

PYRRHVS.

Et ie n'ay donc vaincu que pour dépendre d'elle?

ORESTE.

Hermionne, Seigneur, arrestera vos coups;
Ses yeux s'opposeront entre son Pere & vous.

PYRRHVS.

Hermionne, Seigneur, peut m'estre toûjours chere,
Ie puis l'aimer, sans estre Esclaue de son Pere.

Et ie sçauray peut-estre accorder en ce jour
Les soins de ma grandeur, & ceux de mon amour.
Vous pouuez cependant voir la Fille d'Helene.
Du sang qui vous vnit ie sçay l'étroite chaîne.
Apres cela, Seigneur, ie ne vous retiens plus,
Et vous pourrez aux Grecs annoncer mon refus.

SCENE III.

PYRRHVS, PHOENIX.

PHOENIX.

AInsi vous l'enuoyez aux pieds de sa Maistresse ?

PYRRHVS.

On dit qu'il a long-temps brûlé pour la Princesse.

PHOENIX.

Mais si ce feu, Seigneur, vient à se rallumer,
S'il luy rendoit son Cœur, s'il s'en faisoit aimer ?

PYRRHVS.

Ah! qu'ils s'aiment, Phœnix, i'y consens. Qu'elle parte,
Que charmez l'vn de l'autre, ils retournent à Sparte.
Tous nos Ports sont ouuerts & pour elle & pour luy.
Qu'elle m'épargneroit de contrainte & d'ennuy !

PHOENIX.

Seigneur...?

PYRRHVS.

Vne autre fois ie t'ouuriray mon Ame,
Andromaque paroist.

SCENE IV.

PYRRHVS, ANDROMAQVE, CEPHISE.

PYRRHVS.

Me cherchiez-vous, Madame ?
Vn espoir si charmant me seroit-il permis ?

ANDROMAQVE.

Ie passois jusqu'aux lieux, où l'on garde mon Fils.
Puis qu'vne fois le jour vous souffrez que ie voye
Le seul bien qui me reste, & d'Hector & de Troye,
I'allois, Seigneur, pleurer vn moment auec luy,
Ie ne l'ay point encore embrassé d'aujourd'huy.

PYRRHVS.

Ah, Madame ! Les Grecs, si i'en croy leurs allarmes,
Vous donneront bien-tost d'autres sujets de larmes.

ANDROMAQVE.

Et quelle est cette peur dont leur Cœur est frappé,
Seigneur ? Quelque Troyen vous est-il échappé ?

PYRRHVS.

Leur haine pour Hector n'eſt pas encore éteinte.
Ils redoutent ſon Fils.

ANDROMAQVE.

Digne Objet de leur crainte !
Vn Enfant malheureux, qui ne ſçait pas encor
Que Pyrrhus eſt ſon Maiſtre, & qu'il eſt Fils d'Hector.

PYRRHVS.

Tel qu'il eſt, tous les Grecs demandent qu'il periſſe.
Le Fils d'Agamemnon vient haſter ſon ſuplice.

ANDROMAQVE.

Et vous prononcerez vn Arreſt ſi cruel ?
Eſt-ce mon intereſt qui le rend criminel ?
Helas ! on ne craint point qu'il va[illegible] vn jour ſon Pere.
On craint qu'il n'eſſuyaſt les larmes de ſa Mere.
Il m'auroit tenu lieu d'vn Pere, & d'vn Epoux,
Mais il me faut tout perdre, & toûjours par vos coups.

PYRRHVS.

Madame, mes refus ont préuenu vos larmes.
Tous les Grecs m'ont déja menaſſé de leurs Armes.
Mais dûſſent-ils encore ; en repaſſant les Eaux,
Demander voſtre Fils, auec mille Vaiſſeaux :
Couſtaſt il tout le ſang qu'Helene a fait répandre,
Dûſſay-je apres dix ans voir mon Palais en cendre,
Ie ne balance point, ie vole à ſon ſecours,
Ie défendray ſa vie aux deſpens de mes jours,

Mais parmy ces perils, où ie cours pour vous plaire,
Me refuserez-vous vn regard moins seuere ?
Haï de tous les Grecs, pressé de tous costez,
Me faudra-t'il combattre encor vos cruautez ?
Ie vous offre mon Bras. Puis-je esperer encore
Que vous accepterez vn Cœur qui vous adore ?
En combattant pour vous, me sera-t'il permis
De ne vous point conter parmy mes Ennemis ?

ANDROMAQVE.

Seigneur, que faites-vous, & que dira la Gréce ?
Faut-il qu'vn si grãd Cœur montre tant de foiblesse?
Voulez-vous qu'vn dessein si beau, si genereux,
Passe pour le transport d'vn Esprit amoureux ?
Captiue, toûjours triste, importune à moy-même,
Pouuez-vous souhaiter qu'Andromaque vous aime?
Que feriez-vous, helas! d'vn Cœur infortuné
Qu'à des pleurs eternels vous auez condamné ?
Non, non, d'vn Ennemy respecter la Misere,
Sauuer des Malheureux, rendre vn Fils à sa Mere,
De cent Peuples pour luy combattre la rigueur,
Sans me faire payer son salut de mon Cœur,
Malgré moy, s'il le faut, luy donner vn azile,
Seigneur, voila des soins dignes du Fils d'Achille.

PYRRHVS.

Hé quoy ? Vostre courroux n'a-t'il pas eû son cours?
Peut-on haïr sans cesse ? Et punit-on toûjours ?
I'ay fait des Malheureux, sans doute, & la Phrygie
Cent fois de vostre sang a veu ma main rougie.
Mais que vos yeux sur moy se sont bien exercez !
Qu'ils m'ont vendu bien cher les pleurs qu'ils ont versez !

De combien de remords m'ont-ils rendu la Proye ?
Ie souffre tous les maux que i'ay faits deuant Troye.
Vaincu, chargé de fers, de regrets consumé,
Brûlé de plus de feux que ie n'en allumé,
Tant de soins, tãt de pleurs, tãt d'ardeurs inquiétes...
Helas ! fus-je jamais si cruel que vous l'estes ?
Mais enfin, tour à tour, c'est assez nous punir.
Nos Ennemis communs deuroient nous réünir.
Madame, dites-moy seulement que j'espere,
Ie vous rens vostre Fils, & je luy sers de Pere.
Ie l'instruiray moy-mesme à vanger les Troyens.
I'iray punir les Grecs de vos maux & des miens.
Animé d'vn regard, je puis tout entreprendre.
Vostre Ilion encor peut sortir de sa cendre.
Ie puis, en moins de temps que les Grecs ne l'ont pris,
Dans ses Murs releuez couronner vostre Fils.

ANDROMAQVE.

Seigneur, tant de grandeurs ne nous touchent plus guére,
Ie les luy promettois tant qu'a vescu son Pere.
Non, vous n'esperez plus de nous reuoir encor,
Sacrez Murs, que n'a pû conseruer mon Hector.
A de moindres faueurs des Malheureux prétendent,
Seigneur. C'est vn Exil que mes pleurs vous demandent.
Souffrez que loin des Grecs, & mesme loin de vous,
I'aille cacher mon Fils, & pleurer mon Epoux.
Vostre amour contre nous allume trop de haine.
Retournez, retournez à la Fille d'Helene.

PYRRHVS.

Et le puis-je, Madame ? Ah, que vous me gesnez !
Comment luy rendre vn Cœur que vous me retenez ?

Ie ſçay que de mes vœux on luy promit l'empire.
Ie ſçay que pour regner elle vint dans l'Epire.
Le Sort vous y voulut l'vne & l'autre amener,
Vous pour porter des fers, Elle pour en donner.
Cependant ay-je pris quelque ſoin de luy plaire?
Et ne diroit-on pas, en voyant au contraire,
Vos charmes tout-puiſſans, & les ſiens dédaignez,
Qu'elle eſt icy Captiue, & que vous y regnez?
Ah! qu'vn ſeul des ſoûpirs, que mon Cœur vous enuoye,
S'il s'échapoit vers elle, y porteroit de joye!

ANDROMAQVE.

Et pourquoy vos ſoûpirs ſeroient-ils repouſſez?
Auroit-elle oublié vos ſeruices paſſez?
Troye, Hector, contre vous reuoltent-ils ſon Ame?
Aux cendres d'vn Epoux doit-elle enfin ſa flâme?
Et quel Epoux encore! Ah ſouuenir cruel!
Sa mort ſeule a rendu voſtre Pere immortel.
Il doit au ſang d'Hector tout l'éclat de ſes armes,
Et vous n'eſtes tous deux connus que par mes larmes.

PYRRHVS.

Hé bien, Madame, hé bien, il faut vous obeïr.
Il faut vous oublier, ou plûtoſt vous haïr.
Oüy, mes vœux ont trop loin pouſſé leur violence,
Pour ne plus s'arreſter que dans l'indifference.
Songez-y bien. Il faut deſormais que mon Cœur,
S'il n'aime auec tranſport, haïſſe auec fureur.
Ie n'épargneray rien dans ma juſte colere.
Le Fils me répondra des mépris de la Mere,
La Gréce le demande, & ie ne prétens pas
Mettre toûjours ma gloire à ſauuer des Ingrats.

ANDROMAQVE.

Helas ! il mourra donc. Il n'a pour sa défense,
Que les pleurs de sa Mere, & que son Innocence.
Et peut-estre apres tout, en l'estat où ie suis,
Sa mort auancera la fin de mes ennuis.
Ie prolongeois pour luy ma vie, & ma misere.
Mais enfin sur ses pas j'iray reuoir son Pere.
Ainsi tous trois, Seigneur, par vos soins reünis,
Nos Cœurs...

PYRRHVS.

Allez, Madame, allez voir vostre Fils.
Peut-estre, en le voyant, vostre amour plus timide,
Ne prendra pas toûjours sa Colere pour guide.
Pour sçauoir nos Destins, j'iray vous retrouuer.
Madame, en l'embrassant, songez à le sauuer.

Fin du premier Acte.

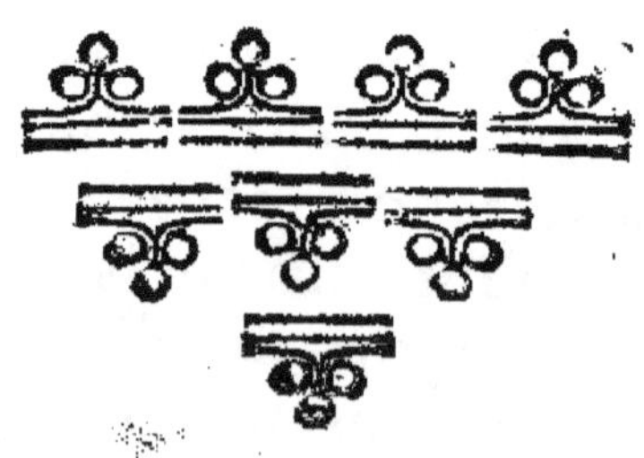

ACTE II.

SCENE PREMIERE.

HERMIONNE, CLEONNE.

HERMIONNE.

IE fay ce que tu veux. Ie consens qu'il me voye.
Ie luy veux bien encore accorder cette joye ;
Pylade va bien-tost conduire icy ses pas.
Mais, si je m'en croyois, je ne le verrois pas.

CLEONNE.

Et qu'est-ce que sa veuë a pour vous de funeste ?
Madame, n'est-ce pas toûjours le mesme Oreste,
Dont vous auez cent fois souhaité le retour,
Et dont vous regrettiez la constance & l'amour ?

HERMIONNE.

C'eſt cet amour payé de trop d'ingratitude,
Qui me rend en ces Lieux ſa preſence ſi rude.
Quelle honte pour moy ! Quel triomphe pour luy,
De voir mon infortune égaler ſon ennuy !
Eſt-ce là, dira-t'il, cette fiere Hermionne ?
Elle me dédaignoit, vn autre l'abandonne.
L'ingrate, qui mettoit ſon Cœur à ſi haut prix,
Apprend donc à ſon tour à ſouffrir des mépris ?
Ah Dieux !

CLEONNE.

Ah ! diſſipez ces indignes allarmes.
Il a trop bien ſenty le pouuoir de vos charmes.
Vous croyez qu'vn Amant vienne vous inſulter ?
Il vous rapporte vn Cœur qu'il n'a pû vous oſter.
Mais vous ne dites point ce que vous mande vn Pere.

HERMIONNE.

Dans ſes retardemens ſi Pyrrhus perſeuere,
A la mort du Troyen s'il ne veut conſentir,
Mon Pere auec les Grecs m'ordonne de partir.

CLEONNE.

Hé bien, Madame, hé bien, écoutez donc Oreſte.
Pyrrhus a commencé, faites au moins le reſte.
Pour bien faire, il faudroit que vous le préuinſſiez.
Ne m'auez-vous pas dit que vous le haïſſiez ?

HERMIONNE.

Si ie le hais Cleonne ? Il y va de ma gloire,
Apres tant de bontez dont il perd la memoire.

Luy qui me fut si cher, & qui m'a pû trahir ?
Ah ! je l'ay trop aimé, pour ne le point haïr.

CLEONNE.

Fuyez-le donc, Madame. Et puis qu'on vous adore...

HERMIONNE.

Ah ! laisse à ma fureur le temps de croistre encore.
Contre mon Ennemy laisse-moy m'assurer,
Cleonne, auec horreur ie m'en veux separer.
Il n'y trauaillera que trop bien, l'Infidelle.

CLEONNE.

Quoy ! vous en attendez quelque injure nouuelle ?
Aimer vne Captiue, & l'aimer à vos yeux,
Tout cela n'a donc pû vous le rendre odieux ?
Apres ce qu'il a fait, que sçauroit-il donc faire ?
Il vous auroit déplû, s'il pouuoit vous déplaire.

HERMIONNE.

Pourquoy veux-tu, Cruelle, irriter mes ennuis ?
Je crains de me connoistre, en l'estat où ie suis.
De tout ce que tu vois tâche de ne rien croire.
Croy que ie n'aime plus. Vante moy ma victoire.
Croy que dans son dépit mon Cœur est endurcy.
Helas ! & s'il se peut, fay-le moy croire aussy.
Tu veux que je le fuye. Hé bien, rien ne m'arreste.
Allons. N'enuions plus son indigne conqueste.
Que sur luy sa Captiue étende son pouuoir.
Fuyons. Mais si l'Ingrat rentroit dans son deuoir !

Si la Foy dans son Cœur retrouuoit quelque place!
S'il venoit à mes pieds me demander sa Grace!
Si sous mes Loix, Amour, tu pouuois l'engager!
S'il vouloit!...Mais l'Ingrat ne veut que m'outrager.
Demeurons toutefois, pour troubler leur fortune.
Prenons quelque plaisir à leur estre importune.
Ou le forçant de rompre vn nœud si solemnel,
Aux yeux de tous les Grecs rendons-le criminel.
I'ay déja sur le Fils attiré leur colere.
Ie veux qu'on vienne encor luy demander la Mere.
Rendons-luy les tourmens qu'elle me fait souffrir.
Qu'elle le perde, ou bien qu'il la fasse périr.

CLEONNE.

Pensez-vous que des yeux toûjours ouuerts aux lar-
Songent à balancer le pouuoir de vos charmes? [mes,
Et qu'vn Cœur accablé de tant de déplaisirs,
De son Persecuteur ait brigué les soûpirs?
Voyez si sa douleur en paroist soulagée.
Pourquoy dõc les chagrins où son Ame est plongée?
Pourquoy tant de froideurs? Pourquoy cette fierté?

HERMIONNE.

Helas! pour mon malheur je l'ay trop écouté.
Ie n'ay point du silence affecté le mystere.
Ie croyois sans péril pouuoir estre sincere.
Et sans armer mes yeux d'vn moment de rigueur,
Ie n'ay pour luy parler, consulté que mon Cœur.
Et qui ne se seroit comme moy declarée,
Sur la foy d'vne amour si saintement jurée?
Me voyoit-il de l'œil qu'il me voit aujourd'huy?
Tu t'en souuiens encor, tout conspiroit pour luy.

Ma Famille vangée, & les Crecs dans la joye,
Nos Vaisseaux tout chargez des dépoüilles de Troye,
Les Exploits de son Pere, effacez par les siens,
Ses feux que je croyois plus ardans que les miens,
Mon Cœur, toy-mesme enfin de sa gloire éblouïe,
Auant qu'il me trahist, vous m'auez tous trahie.
Mais c'en est trop, Cleonne, & quel que soit Pyrrhus,
Hermionne est sensible, Oreste a des vertus.
Il sçait aimer du moins, & mesme sans qu'on l'aime ?
Et peut-estre il sçaura se faire aimer luy-même.
Allons. Qu'il vienne enfin.

CLEONNE.

Madame, le voicy.

HERMIONNE.

Ah ! je ne croyois pas qu'il fust si prés d'icy.

SCENE II.

HERMIONNE, ORESTE, CLEONNE.

HERMIONNE.

LE croiray-je, Seigneur, qu'vn reste de tendresse
Ait suspendu les soins dont vous charge la Gréce?
Qu ne dois-je imputer qu'à vostre seul deuoir,
L'heureux empressement qui vous porte à me voir?

ORESTE.

Tel est de mon amour l'aueuglement funeste.
Vous le sçauez, Madame, & le destin d'Oreste
Est de venir sans cesse adorer vos attraits,
Et de jurer toûjours qu'il n'y viendra jamais.
Ie sçay que vos regards vont rouurir mes blessures,
Que tous mes pas vers vous sont autant de parjures.
Ie le sçay, j'en rougis. Mais j'atteste les Dieux,
Témoins de la fureur de mes derniers adieux,
Que j'ay couru par tout, où ma perte certaine
Dégageoit mes sermens, & finissoit ma peine.
I'ay mandié la Mort, chez des Peuples cruels
Qui n'apaisoiet leurs Dieux que du sang des Mortels:
Ils m'ont fermé leur Temple, & ces Peuples barbares
De mon sang prodigué sont deuenus auares.

Enfin

Enfin je viens à vous, & je me voy reduit
A chercher dans vos yeux vne mort, qui me fuit.
Mon desespoir n'attend que leur indifference,
Ils n'ont qu'à m'interdire vn reste d'esperance.
Ils n'ont, pour auancer cette mort où je cours,
Qu'à me dire vne fois ce qu'ils m'ont dit toûjours.
Voila depuis vn an le seul soin qui m'anime.
Madame, c'est à vous de prendre vne Victime,
Que les Scythes auroient dérobée à vos coups,
Si j'en auois trouué d'aussi cruels que Vous.

HERMIONNE.

Non, non, ne pensez pas qu'Hermionne dispose
D'vn sang, sur qui la Gréce aujourd'huy se repose.
Mais vous-mesme, est-ce ainsi que vous executez
Les vœux de tant d'Estats que vous representez?
Faut-il que d'vn transport leur Vangeance dépende?
Est-ce le sang d'Oreste enfin qu'on vous demande?
Dégagez-vous des soins dont vous estes chargé.

ORESTE.

Les refus de Pyrrhus m'ont assez dégagé,
Madame, il me renuoye, & quelque autre Puissance
Luy fait du Fils d'Hector embrasser la défence.

HERMIONNE.

L'infidelle!

ORESTE.

Ainsi donc il ne me reste rien,
Qu'à venir prendre icy la place du Troyen:
Nous sommes Ennemis, luy des Grecs, moy le vostre,
Pyrrhus protege l'vn, & je vous liure l'autre.

HERMIONNE.

Hé quoy ? Dans vos chagrins ſans raiſon affermy,
Vous croirez-vous toûjours, Seigneur, mon Ennemy ?
Quelle eſt cette rigueur tant de fois alleguée ?
I'ay paſſé dans l'Epire où j'eſtois releguée.
Mon Pere l'ordonnoit. Mais qui ſçait ſi depuis,
Ie n'ay point en ſecret partagé vos ennuis ?
Penſez-vous auoir ſeul éprouué des allarmes ?
Que l'Epire iamais n'ait veû couler mes larmes ?
Enfin, qui vous a dit, que malgré mon deuoir,
Ie n'ay pas quelquefois ſouhaitté de vous voir ?

ORESTE.

Souhaitté de me voir ? Ah diuine Princeſſe....
Mais de grace, eſt-ce à moy que ce diſcours s'adreſſe ?
Ouurez les yeux. Songez qu'Oreſte eſt deuant vous,
Oreſte ſi long temps l'objet de leur courroux.

HERMIONNE.

Oüy, c'eſt vous dont l'amour naiſſant auec leurs charmes,
Leur apprit le premier le pouuoir de leurs armes,
Vous que mille vertus me forçoient d'eſtimer,
Vous que i'ay plaint, enfin que ie voudrois aimer.

ORESTE.

Ie vous entens. Tel eſt mon partage funeſte.
Le Cœur eſt pour Pyrrhus, & les vœux pour Oreſte.

HERMIONNE.

Ah ! ne ſouhaittez-pas le deſtin de Pyrrhus,
Ie vous haïrois trop.

ORESTE.

Vous m'en aimeriez plus.
Ah ! que vous me verriez d'vn regard bien contraire!
Vous me voulez aimer, & ie ne puis vous plaire,
Et l'Amour ſeul alors ſe faiſant obeïr,
Vous m'aimeriez, Madame, en me voulant haïr.
O Dieux ! Tant de reſpects, vne amitié ſi tendre...
Que de raiſons pour moy, ſi vous pouuiez m'entendre !
Vous ſeule pour Pyrrhus diſputez aujourd'huy,
Peut-eſtre malgré vous, ſans doute malgré luy.
Car enfin il vous hait. Son ame ailleurs épriſe
N'a plus...

HERMIONNE.

Qui vous l'a dit, Seigneur, qu'il me mépriſe?
Ses regards, ſes diſcours vous l'ont ils donc appris?
Iugez-vous que ma veuë inſpire des mépris ?
Qu'elle allume en vn cœur des feux ſi peu durables?
Peut-eſtre d'autres yeux me ſont plus fauorables.

ORESTE.

Pourſuiuez. Il eſt beau de m'inſulter ainſi.
Cruelle, c'eſt donc moy qui vous mépriſe ici.
Vos yeux n'ont pas aſſez éprouuez ma conſtance.
Ie ſuis donc vn témoin de leur peu de puiſſance.

Ie les ay méprisez ? Ah. Qu'ils voudroient bien voir
Mon Riual, comme moy, mépriser leur pouuoir.

HERMIONNE.

Que m'importe, Seigneur, sa haine, ou sa tendresse ?
Allez contre vn Rebelle armer toute la Gréce.
Rapportez-luy le prix de sa rebellion.
Qu'on fasse de l'Epire vn second Ilion.
Allez. Apres cela, direz-vous que je l'aime ?

ORESTE.

Madame, faites plus, & venez-y vous-mesme.
Voulez-vous demeurer pour ostage en ces lieux ?
Venez dans tous les cœurs faire parler vos yeux.
Faisons de nostre haine vne commune attaque.

HERMIONNE.

Mais, Seigneur, cependant s'il épouse Andromaque?

ORESTE.

Hé Madame !

HERMIONNE.

Songez quelle honte pour nous,
Si d'vne Phrygienne il deuenoit l'Espoux.

ORESTE.

Et vous le haïssez ? Auoüez-le, Madame,
L'Amour n'est pas vn feu qu'on renferme en vne âme.
Tout nous trahit, la voix, le silence, les yeux.
Et les feux mal couuerts n'en éclatent que mieux.

HERMIONNE.

Seigneur, je le voy bien, vostre ame préuenuë
Répand sur mes discours le venin qui la tuë,
Toûjours dans mes raisons cherche quelque détour,
Et croit qu'en moy la haine est vn effort d'amour.
Il faut donc m'expliquer. Vous agirez en suite.
Vous sçauez qu'en ces lieux mon deuoir m'a conduite,
Mon deuoir m'y retient, & je n'en puis partir,
Que mon Pere, ou Pyrrhus ne m'en fasse sortir.
Au nom de Menelas allez luy faire entendre,
Que l'Ennemy des Grecs ne peut estre son Gendre.
Du Troyen, ou de moy, faites-le decider:
Qu'il songe qui des deux, il veut rendre, ou garder.
Enfin qu'il me renuoye, ou bien qu'il vous le liure.
Adieu, s'il y consent, je suis preste à vous suiure.

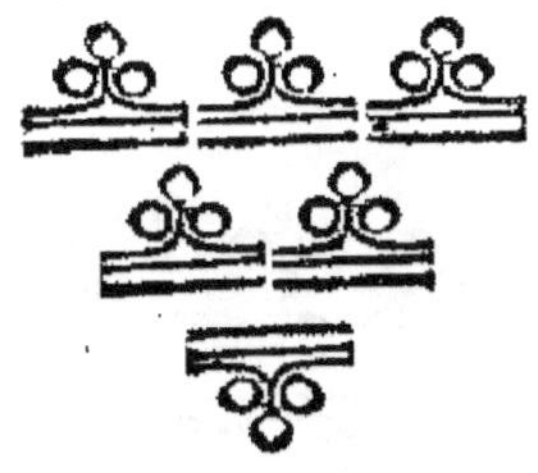

SCENE III.

ORESTE.

OVy, oüy, vous me ſuiurez, n'en doutez nullement.
Ie vous répons déja de ſon conſentement.
Ie ne crains pas, enfin, que Pyrrhus la retienne,
Il n'a deuant les yeux que ſa chere Troyenne,
Tout autre objet le bleſſe, & peut-eſtre aujourd'huy
Il n'attend qu'vn prétexte à l'éloigner de luy.
Nous n'auons qu'à parler. C'en eſt fait. Quelle joye
D'enleuer à l'Epire vne ſi belle Proye!
Sauue tout ce qui reſte, & de Troye, & d'Hector.
Garde ſon Fils, ſa Veuue, & mille autres encor:
Epire, c'eſt aſſez qu'Hermionne renduë
Perde à jamais tes bords, & ton Prince de veuë.
Mais vn heureux deſtin le conduit en ces lieux.
Parlons. A tant d'attraits, Amour, ferme ſes yeux.

SCENE IV.

PYRRHVS, ORESTE, PHOENIX.

PYRRHVS.

IE vous cherchois, Seigneur. Vn peu de violence
M'a fait de vos raisons combattre la puissance,
Ie l'auouë. Et depuis que je vous ay quitté,
I'en ay senty la force, & connu l'equité.
I'ay songé comme vous, qu'à la Grece, à mon Pere,
A moy-mesme en vn mot je deuenois contraire,
Que je releuois Troye, & rendois imparfait
Tout ce qu'a fait Achile, & tout ce que j'ay fait.
Ie ne condamne plus vn courroux legitime,
Et l'on vous va, Seigneur, liurer vostre Victime.

ORESTE.

Seigneur, par ce conseil prudent & rigoureux,
C'est acheter la Paix du sang d'vn Malheureux.

PYRRHVS.

Oüy. Mais je veux, Seigneur, l'assurer dauantage.
D'vne eternelle Paix Hermionne est le gage.
Ie l'épouse. Il sembloit qu'vn spectacle si doux
N'attendist en ces lieux qu'vn Témoin tel que vous.

Vous y repréſentez tous les Grecs & ſon Pere,
Puis qu'en vous Menelas voit reuiure ſon Frere.
Voyez-la donc. Allez. Dites-luy que demain
I'attens, auec la Paix, ſon Cœur de voſtre Main.

ORESTE.

Ah Dieux!

SCENE V.

PYRRHVS, PHOENIX.

PYRRHVS.

HE bien, Phœnix, l'Amour est-il le Maistre ?
Tes yeux refusent-ils encor de me connaistre ?

PHOENIX.

Ah ! je vous reconnois, & ce juste courroux,
Ainsi qu'à tous les Grecs, Seigneur, vous rend à vous.
Et qui l'auroit pensé, qu'vne si noble audace
D'vn long abbaissement prendroit si-tost la place ?
Que l'on pût si-tost vaincre vn poison si charmant ?
Mais Pyrrhus, quand il veut, sçait vaincre en vn moment.
Ce n'est plus le joüet d'vne flamme seruile.
C'est Pyrrhus. C'est le Fils, & le Riual d'Achile,
Que la Gloire à la fin rameine sous ses lois,
Qui triomphe de Troye vne seconde fois.

PYRRHVS.

Dy plûtost, qu'aujourd'huy commence ma Victoire.
D'aujourd'huy seulement je joüis de ma gloire,
Et mon cœur aussi fier, que tu l'as veû soûmis,
Croit auoir en l'Amour vaincu mille Ennemis.

Considere, Phœnix, les troubles que j'éuite,
Quelle foule de maux l'Amour traisne à sa suite;
Que d'Amis, de deuoirs j'allois sacrifier;
Quels perils.... Vn regard m'eust tout fait oublier.
Tous les Grecs conjurez fondoient sur vn Rebelle.
Ie trouuois du plaisir à me perdre pour Elle.

PHOENIX.

Oüy, je benis, Seigneur, l'heureuse cruauté
Qui vous rend....

PYRRHVS.

Tu l'as veû comme elle m'a traité.
Ie pensois, en voyant sa tendresse allarmée,
Que son Fils me la dust renuoyer desarmée.
I'allois voir le succés de ses embrassemens.
Ie n'ay trouué que pleurs mélez d'emportemens.
Sa misere l'aigrit. Et toûjours plus farouche
Cent fois le nom d'Hector est sorty de sa bouche.
Vainement à son Fils j'asseurois mon secours,
C'est Hector, (disoit-elle en l'embrassant toûjours;)
Voila ses yeux, sa bouche, & déja son audace,
C'est luy-mesme, c'est toy cher Espoux que j'embrasse.
Et quelle est sa pensée? Attend-elle en ce jour
Que je luy laisse vn Fils pour nourrir son amour?

PHOENIX.

Sans doute. C'est le prix que vous gardoit l'Ingrate;
Mais laissez-la, Seigneur.

PYRRHVS.

Ie voy ce qui la flatte:
Sa beauté la rassure, & malgré mon courroux.
L'Orgueilleuse m'attend encore à ses genoux.
Ie la verrois aux miens, Phœnix, d'vn œil tranquile.
Elle est Veuue d'Hector. Et je suis Fils d'Achile.
Trop de haine separe Andromaque & Pyrrhus.

PHOENIX.

Commencez donc, Seigneur, à ne m'en parler plus.
Allez voir Hermionne, & content de luy plaire,
Oubliez à ses pieds jusqu'à vostre colere.
Vous-mesme à cét hymen venez la disposer?
Est-ce sur vn Riual qu'il s'en faut reposer?
Il ne l'aime que trop.

PYRRHVS.

Crois-tu, si je l'épouse,
Qu'Andromaque en secret n'en sera pas jalouse?

PHOENIX.

Quoy tousiours Andromaque occupe vostre esprit?
Que vous importe, ô Dieux! sa joye, ou son dépit?
Quel charme malgré vous vers elle vous attire?

PYRRHVS.

Non, je n'ay pas bien dit tout ce qu'il luy faut dire.
Ma colere à ses yeux n'a paru qu'à demy.
Elle ignore à quel point je suis son Ennemy.
Retournons-y. Ie veux la brauer à sa veuë,
Et donner à ma haine vne libre estenduë.

Vien voir tous ses attraits, Phœnix, humiliez.
Allons.

PHOENIX.

Allez, Seigneur, vous jetter à ses piez.
Allez, en luy jurant que vostre ame l'adore,
A de nouueaux mépris l'encourager encore.

PYRRHVS.

Ie le voy bien, tu crois que prest à l'excuser.
Mon Cœur court apres elle, & cherche à s'apaiser.

PHOENIX.

Vous aimez, c'est assez.

PYRRHVS.

Moy l'aimer? Vne Ingrate,
Qui me hait d'autant plus que mon amour la flate?
Sans Parens, sans Amis, sans espoir que sur moy.
Ie puis perdre son Fils, peut-estre je le doy.
Estrangere.... Que dis-je? Esclaue dans l'Epire,
Ie luy donne son Fils, mon Ame, mon Empire,
Et je ne puis gagner dans son perfide Cœur
D'autre rang que celuy de son Persecuteur?
Non, non, je l'ay juré, ma vangeance est certaine.
Il faut bien vne fois justifier sa haine.
I'abandonne son Fils. Que de pleurs vont couler!
De quel nom sa douleur me va-t'elle appeller?
Quel spectacle pour elle aujourd'huy se dispose!
Elle en mourra, Phœnix, & j'en seray la cause.
C'est luy mettre moy-mesme vn poignard dãs le sein.

PHOENIX.

Et pourquoy donc en faire éclater le dessein ?
Que ne consultiez-vous tantost vostre foiblesse ?

PYRRHVS.

Ie t'entens. Mais excuse vn reste de tendresse.
Crains-tu pour ma colere vn si foible combat ?
D'vn amour qui s'esteint c'est le dernier éclat.
Allons. A tes conseils, Phœnix, je m'abandonne ?
Faut-il liurer son Fils ? Faut-il voir Hermionne ?

PHOENIX.

Oüy, voyez-la, Seigneur, & par des vœux soûmis
Protestez luy...

PYRRHVS.

Faisons tout ce que j'ay promis.

Fin du second Acte.

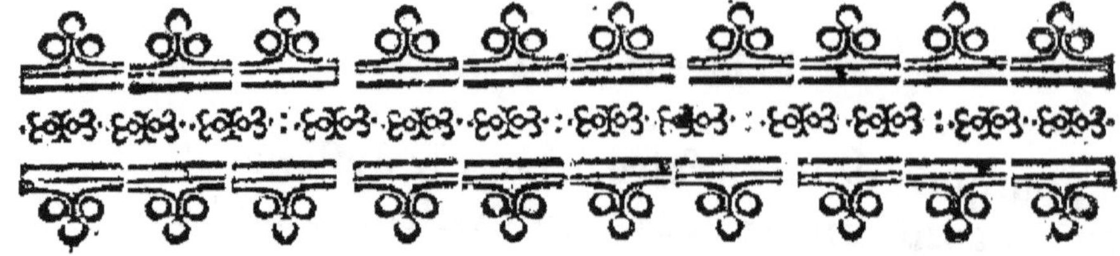

ACTE III.

SCENE PREMIERE.

ORESTE, PYLADE.

PYLADE.

Oderez donc, Seigneur, cette fureur extréme.
Ie ne vous connoy plus. Vous n'estes plus vous-mesme.
Souffrez....

ORESTE.

Non, tes conseils ne sont plus de saison,
Pylade, je suis las d'écouter la raison.
C'est traisner trop long-tẽps ma vie & mon supplice.
Il faut que je l'enleue, ou bien que je perisse.
Le dessein en est pris, je le veux acheuer.
Oüy je le veux.

PYLADE.

Hé bien il la faut enleuer.
I'y consens. Mais songez cependant où vous estes.
Que croira-t'on de vous à voir ce que vous faites?

Faites taire, Seigneur, ce transport inquiet.
Commandez à vos yeux de garder le secret.
Ces Gardes, cette Cour, l'air qui vous environne.
Tout dépend de Pyrrhus, & sur tout d'Hermionne.
A ses regards sur tout cachez vostre courroux.
O Dieux! en cet estat pourquoy la cherchiez-vous?

ORESTE.

Que sçay-je? De moy-mesme estois-je alors le maistre?
La fureur m'emportoit, & je venois peut-estre
Menasser à la fois l'Ingrate & son Amant.

PYLADE.

Et quel estoit le fruit de cet emportement?

ORESTE.

Et quelle ame, dy-moy, ne seroit éperduë
Du coup dont ma raison vient d'estre confonduë?
Il épouse, dit-il, Hermionne demain.
Il veut pour m'honnorer la tenir de ma main.
Ah! plûtost cette main dans le sang du Barbare....

PYLADE.

Vous l'accusez, Seigneur, de ce destin bizare.
Cependant tourmenté de ses propres desseins,
Il est peut-estre à plaindre, autant que je vous plains.

ORESTE.

Non, non, je le connoy, mon desespoir le flate
Sans moy, sans mon amour il dédaignoit l'Ingrate.

Ses charmes jusques-là n'auoient pû le toucher.
Le Cruel ne la prend que pour me l'arracher.
Ah Dieux! c'en estoit fait. Hermionne gagnée
Pour jamais de sa veuë alloit estre éloignée.
Son cœur entre l'amour & le dépit confus.
Pour se donner à moy n'attendoit qu'vn refus.
Ses yeux s'ouuroient, Pylade. Elle écoutoit Oreste,
Luy parloit, le plaignoit. Vn mot eust fait le reste.

PYLADE.

Vous le croyez.

ORESTE.

Hé quoy? Ce courroux enflammé
Contre vn Ingrat....

PYLADE.

Iamais il ne fut plus aimé.
Pensez-vous, quand Pyrrhus vous l'auroit accordée,
Qu'vn prétexte tout prest ne l'eust pas retardée?
M'en croirez-vous? Lassé de ses trompeurs attraits,
Au lieu de l'enleuer, Seigneur, je la fuirais.
Quoy? Vostre amour se veut charger d'vne Furie
Qui vous détestera, qui toute vostre vie
Regrettant vn hymen tout prest à s'acheuer,
Voudra...

ORESTE.

C'est pour cela que je veux l'enleuer.
Tout luy riroit, Pylade, & moy, pour mon partage,
Ie n'emporterois donc qu'vne inutile rage?
I'irois loin d'elle encor, tascher de l'oublier?
Non, non, à mes tourmens je veux l'associer.
C'est trop gémir tout seul. Ie suis las qu'on me plaigne.
Ie prétens qu'à mon tour l'Inhumaine me craigne,

Et que ses Yeux cruels à pleurer condannez,
Me rendent tous les noms, que je leur ay donnez.

PYLADE.

Voila donc le succés qu'aura vostre Ambassade,
Oreste rauisseur.

ORESTE.

Et qu'importe, Pylade ?
Quand nos Estats vangez jouïront de mes soins,
L'Ingrate de mes pleurs jouïra-t'elle moins ?
Et que me seruira que la Gréce m'admire,
Tandis que je seray la fable de l'Epire ?
Que veux-tu ? Mais s'il faut ne te rien déguiser,
Mon Innocence enfin commence à me peser.
Ie ne sçay de tout temps quelle injuste Puissance
Laisse le Crime en paix, & poursuit l'Innocence.
De quelque part sur moy que je tourne les yeux,
Ie ne voy que malheurs qui condannent les Dieux.
Meritons leur courroux, justifions leur haine,
Et que le fruit du Crime en précede la peine.
Mais toy, par quelle erreur veux-tu toûjours sur toy
Détourner vn courroux qui ne cherche que moy ?
Assez & trop long-temps mon amitié t'accable.
Euite vn Malheureux, abandonne vn Coupable.
Cher Pylade, croy-moy, mon tourment me suffit,
Laisse-moy des perils dont j'attens tout le fruit.
Porte aux Grecs cet Enfant que Pyrrhus m'abandõne.
Va-t'en.

PYLADE.

Allons, Seigneur, enleuons Hermione.
Au trauers des perils vn grand Cœur se fait jour.
Que ne peut l'amitié conduite par l'amour ?

Allons de tous vos Grecs encourager le zele.
Nos vaisseaux sont tous prests, & le vent nous appelle.
Ie sçay de ce Palais tous les détours obscurs.
Vous voyez que la Mer en vient battre les Murs.
Et cette Nuit sans peine vne secrette voye,
Iusqu'en vostre vaisseau conduira vostre Proye.

ORESTE.

I'abuse, cher Amy, de ton trop d'amitié.
Mais pardonne à des maux, dont toy seul a pitié.
Excuse vn Malheureux, qui perd tout ce qu'il aime,
Que tout le Monde hait, & qui se hait luy-mesme.
Que ne puis-je à mon tour, dans vn sort plus heureux....

PYLADE.

Dissimulez, Seigneur, c'est tout ce que je veux.
Gardez qu'auant le coup vostre dessein n'éclate.
Obliez jusques-là qu'Hermionne est ingrate.
Oubliez vostre amour. Elle vient, je la voy.

ORESTE.

Va-t'en. Répons-moy d'elle, & ie répons de moy.

SCENE II.

HERMIONNE, ORESTE, CLEONNE.

ORESTE.

He bien ? Mes ſoins vous ont rendu voſtre Conqueſte.
I'ay veû Pyrrhus, Madame, & voſtre hymen s'appreſte.

HERMIONNE.

On le dit. Et de plus, on vient de m'aſſurer,
Que vous ne me cherchiez que pour m'y préparer.

ORESTE.

Et voſtre ame à ſes vœux ne ſera pas rebelle ?

HERMIONNE.

Qui l'euſt crû, que Pyrrhus ne fuſt pas infidelle ?
Que ſa flamme attendroit ſi tard pour éclater,
Qu'il reuiendroit à moy, quand je l'allois quitter ?
Ie veux croire auec vous, qu'il redoute la Grece,
Qu'il ſuit ſon intereſt plûtoſt que ſa tendreſſe,
Que mes yeux ſur voſtre ame eſtoient plus abſolus.

ORESTE.

Non, Madame, il vous aime, & je n'en doute plus.

Vos yeux ne font-ils pas tout ce qu'ils veulent faire?
Et vous ne vouliez pas ſans doute luy déplaire.

HERMIONNE.

Mais que puis-je, Seigneur? On a promis ma foy.
Luy rauiray-je vn bien, qu'il ne tient pas de moy?
L'Amour ne regle pas le ſort d'vne Princeſſe.
La gloire d'obeïr eſt tout ce qu'on nous laiſſe.
Cependant je partois, & vous auez pû voir
Combien je relaſchois pour vous de mon deuoir.

ORESTE.

Ah! que vous ſçauiez bien, Cruelle.... Mais, Madame,
Chacun peut à ſon choix diſpoſer de ſon ame.
La voſtre eſtoit à vous. I'eſperois. Mais enfin
Vous l'auez pû donner ſans me faire vn larcin.
Ie vous accuſe auſſi, [illegible]en moins que la Fortune:
Et pourquoy vous laſſer d'vne plainte importune?
Tel eſt voſtre deuoir, je l'auouë. Et le mien
Eſt de vous épargner vn ſi triſte entretien.

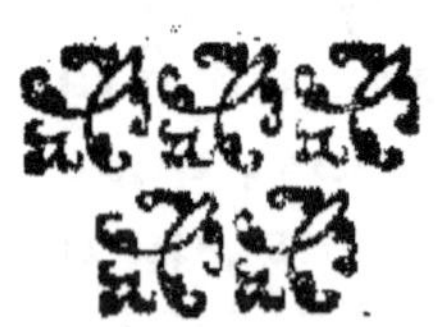

SCENE III.

HERMIONNE, CLEONNE.

HERMIONNE.

ATtendois-tu, Cleonne, vn courroux si modeste?

CLEONNE.

La douleur qui se taist n'en est que plus funeste.
Ie le plains. D'autant plus qu'Auteur de son ennuy,
Le coup qui l'a perdu n'est party que de luy.
Contez, depuis quel temps vostre hymen se prépare.
Il a parlé, Madame, & Pyrrhus se déclare.

HERMIONNE.

Tu crois que Pyrrhus craint? Et que craint-il encor?
Des Peuples, qui dix ans ont fuy deuant Hector?
Qui cent fois effrayez de l'absence d'Achile,
Dans leurs vaisseaux brulans ont cherché leur azile,
Et qu'on verroit encor, sans l'appuy de son Fils,
Redemander Helene aux Troyens impunis?
Non, Cleonne, il n'est point Ennemy de luy-mesme,
Il veut tout ce qu'il fait, & s'il m'épouse, il m'aime.
Mais qu'Oreste à son gré m'impute ses douleurs.
N'auons-nous d'entretien que celuy de ses pleurs?
Pyrrhus reuient à nous. Hé bien, chere Cleonne,
Conçois-tu les transports de l'heureuse Hermionne?

Sçais-tu quel eſt Pyrrhus ? T'és-tu fais raconter
Le nombre des Exploits... Mais qui les peut conter?
Intrepide, & par tout ſuiuy de la Victoire,
Charmant, Fidelle enfin, rien ne manque à ſa Gloire.
Songe....

CLEONNE.

Diſſimulez. Voſtre Riuale en pleurs,
Vient à vos pieds ſans doute apporter ſes douleurs.

HERMIONNE.

Dieux ! Ne puis-je à ma joye abandonner mon ame?
Sortons. Que luy dirois-je ?

SCENE IV.

ANDROMAQVE, HERMIONNE, CLEONNE, CEPHISE.

ANDROMAQVE.

OV fuyez-vous, Madame ?
N'eſt-ce point à vos yeux, vn ſpectacle aſſez doux
Que la Veuue d'Hector pleurante à vos genoux ?
Ie ne viens point icy, par de jalouſes larmes,
Vous enuier vn Cœur, qui ſe rend à vos charmes.
Par les mains de ſon Pere, helas ! j'ay veû percer
Le ſeul, où mes regards pretendoient s'adreſſer.
Ma flamme par Hector fut jadis allumée,
Auec luy dans la tombe elle s'eſt enfermée.
Mais il me reſte vn Fils. Vous ſçaurez quelque iour,
Madame, pour vn Fils juſqu'où va noſtre amour.
Mais vous ne ſçaurez pas, du moins je le ſouhaitte,
En quel trouble mortel ſon intereſt nous jette,
Lors que de tant de biens, qui pouuoient nous flatter,
C'eſt le ſeul qui nous reſte, & qu'on veut nous l'oſter.
Helas ! Lors que laſſez de dix ans de miſere,
Les Troyens en courroux menaçoient voſtre Mere,
I'ay ſçeû de mon Hector luy procurer l'appuy ;
Vous pouuez ſur Pyrrhus, ce que j'ay pû ſur luy.
Que craint-on d'vn Enfant, qui ſuruit à ſa perte ?
Laiſſez-moy le cacher en quelque Iſle deſerte.

Sur les soins de sa Mere on peut s'en asseurer,
Et mon Fils auec moy n'aprendra qu'à pleurer.

HERMIONNE.

Ie conçoy vos douleurs. Mais vn deuoir austere,
Quand mon Pere a parlé, m'ordonne de me taire.
C'est luy, qui de Pyrrhus fait agir le courroux.
S'il faut fléchir Pyrrhus, qui le peut mieux que vous ?
Vos yeux assez long-temps ont regné sur son ame,
Faites-le prononcer, j'y souscriray, Madame.

SCENE

SCENE V.

ANDROMAQVE, CEPHISE.

ANDROMAQVE.

QVel mépris la Cruelle attache à ses refus!

CEPHISE.

Ie croirois ses conseils, & je verrois Pyrrhus.
Vn regard confondroit Hermionne & la Gréce...
Mais luy-mesme il vous cherche.

SCENE VI.

PYRRHVS, ANDROMAQVE, PHOENIX, CEPHISE.

PYRRHVS *à Phœnix.*

OV donc est la Princesse?
Ne m'auois-tu pas dit qu'elle estoit en ces lieux?

PHOENIX.

Ie le croyois.

ANDROMAQVE *à Cephise.*

Tu vois le pouuoir de mes yeux.

PYRRHVS.

Que dit-elle, Phœnix?

ANDROMAQVE.

Helas! tout m'abandonne.

PHOENIX.

Allons, Seigneur, marchons sur les pas d'Hermionne.

CEPHISE.

Qu'attendez-vous ? Forcez ce silence obstiné.

ANDROMAQVE.

Il a promis mon Fils.

CEPHISE.

Il ne l'a pas donné.

ANDROMAQVE.

Non, non, j'ay beau pleurer, sa mort est resoluë.

PYRRHVS.

Daigne-t'elle sur nous tourner au moins la veuë ?
Quel orgueil !

ANDROMAQVE.

Ie ne fay que l'irriter encor.
Sortons.

PYRRHVS.

Allons aux Grecs liurer le Fils d'Hector.

ANDROMAQVE.

Ah, Seigneur, arreſtez. Que prétendez-vous faire ?
Si vous liurez le Fils, liurez-leur donc la Mere.
Vos ſermens m'ont tantoſt juré tant d'amitié.
Dieux ! N'en reſte-t'il pas du moins quelque pitié ?
Sans eſpoir de pardon m'auez-vous condamnée ?

PYRRHVS.

Phœnix vous le dira, ma parole eſt donnée.

ANDROMAQVE.

Vous qui brauiez pour moy tant de perils diuers ?

PYRRHVS.

I'eſtois aueugle alors, mes yeux ſe ſont ouuers.
Sa grace à vos deſirs pouuoit eſtre accordée.
Mais vous ne l'auez pas ſeulement demandée.
C'en eſt fait.

ANDROMAQVE.

Ah! Seigneur, vous entendiez aſſez
Des ſoûpirs, qui craignoient de ſe voir repouſſez.
Pardonnez à l'éclat d'vne illuſtre fortune
Ce reſte de fierté, qui craint d'eſtre importune.
Vous ne l'ignorez pas, Andromaque ſans vous
N'auroit jamais d'vn Maiſtre embraſſé les genoux.

PYRRHVS.

Non, vous me haïſſez. Et dans le fonds de l'ame
Vous craignez de deuoir quelque choſe à ma flâme.

Ce Fils mesme, ce Fils, l'objet de tant de soins,
Si je l'auois sauué, vous l'en aimeriez moins.
La haine, le mépris, contre moy tout s'assemble.
Vous me haïssez plus que tous les Grecs ensemble.
Ioüissez à loisir d'vn si noble courroux.
Allons, Phœnix.

ANDROMAQVE.

Allons rejoindre mon Espoux.

CEPHISE.

Madame...

ANDROMAQVE.

Et que veux-tu que je luy dise encore?
Auteur de tous mes maux crois-tu qu'il les ignore?
Seigneur, voyez l'estat où vous me reduisez?
I'ay veu mon Pere mort, & nos Murs embrasez,
I'ay veû trancher les iours de ma Famille entiere,
Et mon Espoux sanglant traisné sur la poussiere,
Son Fils seul auec moy reserué pour les fers.
Mais que ne peut vn Fils, je respire, je sers.
I'ay fait plus. Ie me suis quelquefois consolée
Qu'icy plûtost qu'ailleurs le sort m'eust exhilée;
Qu'heureux dãs son malheur, le Fils de tant de Rois,
Puis qu'il deuoit seruir, fust tombé sous vos lois.
I'ay crû que sa Prison deuiendroit son Azile.
Iadis Priam soûmis fut respecté d'Achile.
I'attendois de son Fils encor plus de bonté.
Pardonne, cher Hector, à ma credulité.
Ie n'ay pû soupçonner ton Ennemy d'vn crime,
Malgré luy-mesme enfin je l'ay crû magnanime.

Ah ! s'il l'estoit assez, pour nous laisser du moins
Au Tombeau qu'à ta Cendre ont éleué mes soins ;
Et que finissant-là sa haine & nos miseres,
Il ne séparast point des dépoüilles si cheres !

PYRRHVS.

Va m'attendre, Phœnix.

SCENE VII.

PYRRHVS, ANDROMAQVE, CEPHISE.

PYRRHVS *continuë.*

MAdame, demeurez;
On peut vous rendre encor ce Fils que vous pleurez.
Oüy, je ſens à regret, qu'en excitant vos larmes,
Ie ne fay contre moy que vous donner des armes.
Ie croyois apporter plus de haine en ces lieux.
Mais, Madame, du moins tournez vers moy les yeux.
Voyez ſi mes regards ſont d'vn Iuge ſeuere,
S'ils ſont d'vn Ennemy qui cherche à vous déplaire.
Pourquoy me forcez-vous vous-meſme à vous trahir?
Au nom de voſtre Fils, ceſſons de nous haïr.
A le ſauuer enfin, c'eſt moy qui vous conuie.
Faut-il que mes ſoûpirs vous demandent ſa vie?
Faut-il qu'en ſa faueur j'embraſſe vos genoux?
Pour la derniere fois, ſauuez-le, ſauuez-vous.
Ie ſçay de quels ſermens je romps pour vous les chaiſnes,
Combien je vais ſur moy faire éclater de haines.
Ie renuoye Hermionne, & je mets ſur ſon front,
Au lieu de ma Couronne, vn eternel affront.

Ie vous conduis au Temple, où ſon Hymen s'appreſte.
Ie vous ceins du Bandeau, préparé pour ſa Teſte.
Mais ce n'eſt plus, Madame, vne offre à dédaigner.
Ie vous le dis, il faut ou perir, ou regner.
Mon cœur, deſeſperé d'vn an d'ingratitude,
Ne peut plus de ſon ſort ſouffrir l'incertitude.
C'eſt craindre, menaſſer, & gemir trop long-temps;
Ie meurs, ſi je vous pers, mais je meurs, ſi j'attens.
Songez-y, je vous laiſſe, & je viendray vous prendre,
Pour vous mener au Temple, où ce Fils doit m'attendre.
Et là vous me verrez ſoûmis, ou furieux,
Vous couronner, Madame, ou le perdre à vos yeux.

SCENE VIII.

ANDROMAQVE, CEPHISE.

CEPHISE.

IE vous l'auois prédit, qu'en dépit de la Grece,
De vostre sort encor vous seriez la Maistresse.

ANDROMAQVE.

Helas! De quel effet tes discours sont suiuis?
Il ne me restoit plus qu'à condamner mon Fils.

CEPHISE.

Madame, à vostre Espoux c'est estre assez fidelle.
Trop de vertu pourroit vous rendre criminelle.
Luy-mesme il porteroit vostre ame à la douceur.

ANDROMAQVE.

Quoy, je luy donnerois Pyrrhus pour successeur?

CEPHISE.

Ainsi le veut son Fils, que les Grecs vous rauissent.
Pensez-vous qu'aprés tout ses Manes en rougissent?

Qu'il méprisast, Madame, vn Roy victorieux,
Qui vous fait remonter au rang de vos Ayeux;
Qui foule aux pieds pour vous vos Vainqueurs en colere,
Qui ne se souuient plus qu'Achile estoit son Pere,
Qui dément ses Exploits, & les rend superflus?

ANDROMAQVE.

Dois-je les oublier, s'il ne s'en souuient plus?
Dois-je oublier Hector priué de funerailles,
Et traisné sans honneur autour de nos murailles?
Dois-je oublier son Pere à mes pieds renuersé,
Ensanglantant l'Autel qu'il tenoit embrassé?
Songe, songe, Cephise, à cette Nuit cruelle,
Qui fut pour tout vn Peuple vne Nuit eternelle.
Figure-toy Pyrrhus les yeux étincelans,
Entrant à la lueur de nos Palais brûlans;
Sur tous mes Freres morts se faisant vn passage,
Et de sang tout couuert échauffant le carnage.
Songe aux cris des Vainqueurs, songe aux cris des Mourans,
Dans la flamme étouffez, sous le fer expirans.
Peins-toy dans ces horreurs Andromaque éperduë.
Voila comme Pyrrhus vint s'offrir à ma veuë;
Voila par quels exploits il sçeût se couronner,
Enfin voila l'Espoux que tu me veux donner.
Non, je ne seray point complice de ses crimes.
Qu'il nous prenne, s'il veut, pour dernieres Victimes.
Tous mes ressentimens luy seroient asseruis.

CEPHISE.

Hé bien, allons donc voir expirer vostre Fils.

On n'attend plus que vous. Vous fremissez, Madame ?

ANDROMAQVE.

Ah ! de quel souuenir viens-tu frapper mon âme ?
Quoy, Cephise, j'iray voir expirer encor
Ce Fils, ma seule joye, & l'image d'Hector ?
Ce Fils que de sa flamme il me laissa pour gage ?
Helas ! il m'en souuient, le jour que son courage,
Luy fit chercher Achile, ou plûtost le trespas ;
Il demanda son Fils, & le prit dans ses bras.
Chere Espouse, dit-il, en essuyant mes larmes,
I'ignore quel succés le sort garde à mes armes,
Ie te laisse mon Fils, pour gage de ma foy ;
S'il me perd, je prétens qu'il me retrouue en toy.
Si d'vn heureux hymen la memoire t'est chere,
Montre au Fils à quel point tu cherissois le Pere.
Et je puis voir répandre vn sang si precieux ?
Et je laisse auec luy perir tous ses Ayeux ?
Roy barbare, faut-il que mon crime l'entraisne ?
Si je te haïs, est-il coupable de ma haine ?
T'a-t'il de tous les siens reproché le trépas ?
S'est-il plaint à tes yeux des maux qu'il ne sent pas ?
Mais cependant, mon Fils, tu meurs, si je n'arreste
Le fer, que ce Cruel tient leué sur ta teste.
Ie l'en puis détourner, & je t'y vais offrir ?
Non tu ne mourras point, je ne le puis souffrir.
Allons trouuer Pyrrhus. Mais non, chere Cephise,
Va le trouuer pour moy.

CEPHISE.

Que faut-il que je dise ?

ANDROMAQVE.

Dy-luy que de mon Fils l'amour est assez fort...
Crois-tu que dans son cœur il ait juré sa mort ?
L'amour peut-il si loin pousser sa barbarie ?

CEPHISE.

Madame, il va bien-tost reuenir en furie.

ANDROMAQVE.

Hé bien, va l'assurer...

CEPHISE.

De quoy ? De vostre foy ?

ANDROMAQVE.

Helas ! pour la promettre est-elle encore à moy ?
O cendres d'vn Espoux ! ô Troyens ! ô mon Pere !
O mon Fils, que tes iours coustent cher à ta Mere !
Allons.

CEPHISE.

Où donc, Madame, & que resoluez-vous?

ANDROMAQVE.

Allons, sur son tombeau, consulter mon Espoux.

Fin du troisiéme Acte.

ACTE IV.

SCENE PREMIERE.

ANDROMAQVE, CEPHISE.

CEPHISE.

AH ! je n'en doute point. C'est vostre Espoux, Madame,
C'est Hector qui produit ce miracle en vostre ame.
Il veut que Troye encor se puisse releuer,
Auec cét heureux Fils, qu'il vous fait conseruer.
Pyrrhus vous l'a promis. Vous venez de l'entendre,
Madame, il n'attendoit qu'vn mot pour vous le rendre
Croyez en ses transports. Pere, Sceptre, Alliez.
Content de vostre cœur, il met tout à vos pieds.
Sur luy, sur tout son Peuple il vous rend Souueraine.
Est-ce là ce Vainqueur digne de tant de haine ?
Déja contre les Grecs plein d'vn noble courroux,
Le soin de vostre Fils le touche autant que vous ;

Il preuient leur fureur, il luy laiſſe ſa Garde,
Pour ne pas l'expoſer luy-meſme il ſe hazarde.
Mais tout s'apreſte au Temple. Et vous auez promis....

ANDROMAQVE.

Ouy, je m'y trouueray. Mais allons voir mon Fils.

CEPHISE.

Madame, qui vous preſſe? Il ſuffit que ſa veuë
Deſormais à vos yeux ne ſoit plus deffenduë.
Vous luy pourrez bien-toſt prodiguer vos bontez,
Et vos embraſſemens ne ſeront plus contez.
Quel plaiſir! d'éleuer vn Enfant qu'on voit craiſtre,
Non plus comme vn Eſclaue éleué pour ſon Maiſtre,
Mais pour voir auec luy renaiſtre tant de Rois.

ANDROMAQVE.

Cephiſe, allons le voir pour la derniere fois.

CEPHISE.

Que dites-vous? ô Dieux!

ANDROMAQVE.

O! ma chere Cephiſe,
Ce n'eſt point auec toy que mon cœur ſe déguiſe.
Ta foy dans mon malheur s'eſt montrée à mes yeux.
Mais j'ay crû qu'à mon tour tu me connoiſſois mieux.
Quoy donc as-tu penſé qu'Andromaque infidelle,
Pûſt trahir vn Eſpoux qui croit reuiure en elle,

Et que de tant de Morts réueillant la douleur,
Le soin de mon repos me fist troubler le leur ?
Est-ce là cette ardeur tant promise à sa cendre.
Mais son Fils perissoit, il l'a falu défendre ?
Pyrrhus en m'épousant s'en déclare l'appuy.
Il suffit. Ie veux bien m'en reposer sur luy.
Ie sçay quel est Pyrrhus. Violent, mais sincere,
Cephise, il fera plus qu'il n'a promis de faire.
Sur le courroux des Grecs, je m'en repose encor,
Leur haine va donner vn Pere au Fils d'Hector.
Ie vais donc, puisqu'il faut que je me sacrifie,
Assurer à Pyrrhus le reste de ma vie.
Ie vais en receuant sa foy sur les Autels,
L'engager à mon Fils par des nœuds immortels.
Mais aussi-tost ma main, à moy seule funeste,
D'vne infidelle vie abbregera le reste,
Et sauuant ma vertu, rendra ce que je doy,
A Pyrrhus, à mon Fils, à mon Espoux, à moy.
Voila de mon amour l'innocent stratagéme ;
Voila ce qu'vn Espoux m'a commandé luy-méme.
L'iray seule rejoindre Hector, & mes Ayeux.
Cephise, c'est à toy de me fermer les yeux.

CEPHISE.

Ah ! ne pretendez pas que je puisse suruiure.

ANDROMAQVE.

Non, non, je te deffens, Cephise, de me suiure.
Ie confie à tes soins mon vnique tresor,
Si tu viuois pour moy, vy pour le Fils d'Hector.
De l'espoir des Troyens seule dépositaire,
Songe à combien de Roys tu deuiens necessaire.
Veille auprés de Pyrrhus. Fay-luy garder sa foy.
S'il le faut, je consens que tu parles de moy.

Fais-luy valoir l'hymen, où je me suis rangée;
Dy-luy, qu'auant ma mort je luy fus engagée,
Que ses ressentimens doiuent estre effacez,
Qu'en luy laissant mon Fils, c'est l'estimer assez.
Fay connoistre à mon Fils les Heros de sa Race;
Autant que tu pourras, conduy-le sur leur trace.
Dy-luy, par quels exploits leurs noms ont éclaté,
Plûtost ce qu'ils ont fait, que ce qu'ils ont esté.
Parle luy tous les jours des Vertus de son Pere,
Et quelquefois aussi parle luy de sa Mere.
Mais qu'il ne songe plus, Cephise, à nous vanger,
Nous luy laissons vn Maistre, il le doit ménager;
Qu'il ait de ses Ayeux vn souuenir modeste,
Il est du sang d'Hector, mais il en est le reste.
Et pour ce reste enfin j'ay moy-mesme en vn jour
Sacrifié mon sang, ma haine, & mon amour.

CEPHISE.

Helas!

ANDROMAQVE.

Ne me suis point, si ton cœur en allarmes,
Preuoit qu'il ne pourra commander à tes larmes,
On vient. Cache tes pleurs, Cephise, & souuiens-toy
Que le sort d'Andromaque est commis à ta foy.
C'est Hermionne. Allons, fuyons sa violence.

SCENE II.

HERMIONNE, CLEONNE.

CLEONNE.

NOn, je ne puis assez admirer ce silence.
Vous vous taisez, Madame, & ce cruel mépris
N'a pas du moindre trouble agité vos esprits?
Vous soustenez en paix vne si rude attaque?
Vous qu'on voyoit fremir au seul nom d'Andro-
maque?
Vous qui sans desespoir ne pouuiez endurer
Que Pyrrhus d'vn regard la voulust honorer?
Il l'épouse. Il luy donne auec son Diadême
La foy, que vous venez de receuoir vous-même;
Et vostre bouche encor muette à tant d'ennuy,
N'a pas daigné s'ouurir pour se plaindre de luy?
Ah! que je crains, Madame, vn calme si funeste!
Et qu'il vaudroit bien mieux....

HERMIONNE.

Fais-tu venir Oreste!

CLEONNE.

Il vient, Madame, il vient. Et vous pouuez juger,
Que bien-tost à vos pieds il alloit se ranger.
Prest à seruir toûjours sans espoir de salaire,
Vos yeux ne sont que trop assurez de luy plaire.
Mais il entre.

SCENE III.

ORESTE, HERMIONNE, CLEONNE.

ORESTE.

AH Madame ? Eſt-il vray qu'vne fois
Oreſte en vous cherchant obeïſſe à vos lois ?
Ne m'a-t-on point flatté d'vne fauſſe eſperance ?
Auez-vous en effet ſouhaitté ma preſence ?
Croiray-je que vos yeux à la fin deſarmez
Veulent.....

HERMIONNE.

Ie veux ſçauoir, Seigneur, ſi vous m'aimez.

ORESTE.

Si je vous aime ? O Dieux ! mes ſermens, mes parjures,
Ma fuite, mon retour, mes reſpects, mes injures,
Mon deſeſpoir, mes yeux de pleurs toûjours noyez,
Quels témoins croirez-vous, ſi vous ne les croyez ?

HERMIONNE.

Vangez-moy, je croy tout.

ORESTE.

Hé bien allons, Madame.
Mettons encore vn coup toute la Grece en flame.
Prenons, en signalant mon bras, & vostre nom,
Vous la place d'Helene, & moy d'Agamemnon.
De Troye en ce pays réueillons les miseres,
Et qu'on parle de nous, ainsi que de nos Peres.
Partons, je suis tout prest.

HERMIONNE.

Non, Seigneur, demeurons,
Ie ne veux pas si loin porter de tels affrons.
Quoy de mes ennemis couronnant l'insolence,
I'irois attendre ailleurs vne lente vengeance,
Et je m'en remettrois au destin des combats,
Qui peut-estre à la fin ne me vangeroit pas?
Ie veux qu'à mon depart toute l'Epire pleure.
Mais si vous me vangez, vangez-moy dãs vne heure.
Tous vos retardemens sont pour moy des refus.
Courez au Temple. Il faut immoler.....

ORESTE.

Qui?

HERMIONNE.

Pyrrhus.

ORESTE.

Pyrrhus, Madame?

HERMIONNE.

Hé ! quoy ? vostre haine chancelle ?
Ah ! courez, & craignez que je ne vous rappelle.
N'alleguez point des droits que je veux oublier.
Et ce n'est pas à vous à le justifier.

ORESTE.

Moy, je l'excuserois ? Ah ! vos bontez, Madame,
Ont graué trop auant ses crimes dans mon ame.
Vangeons-nous, j'y consens. Mais par d'autres chemins.
Soyons ses Ennemis, & non ses Assassins.
Faisons de sa ruine vne juste Conqueste.
Quoy pour réponse aux Grecs porteray-je sa teste?
Et n'ay-je pris sur moy le soin de tout l'Estat,
Que pour m'en acquitter par vn Assassinat ?
Souffrez, au nom des Dieux, que la Grece s'explique.
Et qu'il meure chargé de la haine publique.
Souuenez-vous qu'il regne, & qu'vn front couronné...

HERMIONNE.

Ne vous suffit-il pas que je l'ay condamné ?
Ne vous suffit-il pas que ma Gloire offensée
Demande vne Victime, à moy seule adressée ;
Qu'Hermionne est le prix d'vn Tyran opprimé,
Que je le hais, enfin, Seigneur, que je l'aimay ?
Ie ne m'en cache point. L'Ingrat m'auoit sçeu plaire,
Soit qu'ainsi l'ordonnast mon amour, ou mon Pere,
N'importe. Mais enfin reglez-vous là-dessus.
Malgré mes vœux, Seigneur, honteusement deceûs,

Malgré la juste horreur que son crime me donne,
Tant qu'il viura, craignez que je ne luy pardonne.
Doutez jusqu'à sa mort d'vn courroux incertain,
S'il ne meurt aujourd'huy, je puis l'aimer demain.

ORESTE.

Hé bien, il faut le perdre, & préuenir sa grace.
Il faut.... Mais cependant, que faut-il que je fasse?
Comment puis-je si-tost seruir vostre courroux?
Quel chemin iusqu'à luy peut conduire mes coups?
A peine suis-je encore arriué dans l'Epire,
Vous voulez par mes mains renuerser vn Empire.
Vous voulez qu'vn Roy meure, & pour son chastiment,
Vous ne donnez qu'vn jour, qu'vne heure, qu'vn moment.
Aux yeux de tout son Peuple, il faut que je l'opprime?
Laissez-moy vers l'Autel conduire ma Victime.
Ie ne m'en défens plus. Et je ne veux qu'aller
Reconnoistre la place où je dois l'immoler.
Cette Nuit je vous sers. Cette Nuit je l'attaque.

HERMIONNE.

Mais cependant ce Iour il épouse Andromaque.
Dans le Temple déja le trône est éleué.
Ma honte est confirmée, & son Crime acheué.
Enfin qu'attendez-vous? Il vous offre sa Teste.
Sans Gardes, sans défense il marche à cette Feste.
Autour du Fils d'Hector il les fait tous ranger.
Il s'abandonne au bras qui me voudra vanger.
Voulez-vous, malgré luy, prendre soin de sa vie?
Armez auec vos Grecs, tous ceux qui m'ont suiuie.
Souleuez vos Amis. Tous les miens sont à vous.
Il me trahit, vous trompe, & nous méprise tous.

Mais quoy? Déja leur haine est égale à la mienne.
Elle espargne à regret l'Espoux d'vne Troyenne.
Parlez. Mon Ennemy ne vous peut échapper.
Ou plûtost, il ne faut que les laisser frapper.
Conduisez, ou suiuez vne fureur si belle.
Reuenez tout couuert du sang de l'Infidelle.
Allez, en cét estat soyez seûr de mon cœur.

ORESTE.

Mais, Madame, songez...

HERMIONNE.

Ah! c'en est trop, Seigneur.
Tant de raisonnemens offensent ma colere.
I'ay voulu vous donner les moyens de me plaire,
Rendre Oreste content. Mais enfin je voy bien,
Qu'il veut tousiours se plaindre, & ne meriter rien.
Partez. Allez ailleurs vanter vostre constance,
Et me laissez icy le soin de ma vangeance.
De mes lasches bontez mon courage est confus,
Et c'est trop en vn jour essuyer de refus.
Ie m'en vais seule au Temple, où leur hymen s'apreste,
Où vous n'osez aller meriter ma conqueste.
Là, de mon Ennemy je sçauray m'approcher.
Ie perceray le Cœur, que je n'ay pû toucher.
Et mes sanglantes mains sur moy-mesme tournées,
Aussi-tost, malgré luy, joindront nos destinées,
Et tout Ingrat qu'il est, il me sera plus doux
De mourir auec luy, que de viure auec vous.

ORESTE.

Non, je vous priueray de ce plaisir funeste,
Madame. Il ne mourra que de la main d'Oreste.

Vos Ennemis par moy vont vous estre immolez.
Et vous reconnoistrez mes soins, si vous voulez.
Mais que dis-je? Ah plûtost ! permettez que j'espere.
Excusez vn Amant, que trouble sa misere,
Qui tout prest d'estre heureux, enuie encor le sort
D'vn Ingrat, condamné par vous-mesme à la mort.

HERMIONNE.

Allez. De vostre sort laissez-moy la conduite.
Et que tous vos Vaisseaux soient prests pour nostre fuite.

SCENE IV.

HERMIONNE, CLEONNE.

VOus vous perdez, Madame. Et vous deuez ſonger....

HERMIONNE.

Que je me perde, ou non, je ſonge à me vanger.
Ie ne ſçay meſme encor, quoy qu'il m'ait pû promettre,
Sur d'autres que ſur moy, ſi je doy m'en remettre.
Pyrrhus n'eſt pas coupable à ſes yeux, comme aux miens,
Et je tiendrois mes coups bien plus ſeûrs que les ſiens.
Quel plaiſir de vanger moy-meſme mon injure!
De retirer mon bras teint du ſang du Parjure,
Et pour rendre ſa peine & mes plaiſirs plus grands,
De cacher ma Riuale à ſes regards mourans.
Ah! ſi du moins Oreſte, en puniſſant ſon crime,
Luy laiſſoit le regret de mourir ma Victime.
Va le trouuer. Dy-luy qu'il aprenne à l'Ingrat,
Qu'on l'immole à ma haine, & non pas à l'Eſtat.
Chere Cleonne cours. Ma vangeance eſt perduë,
S'il ignore, en mourant, que c'eſt moy qui le tuë.

CLEONNE.

CLEONNE.

Ie vous obeïray. Mais qu'eſt-ce que je voy ?
O Dieux ! Qui l'auroit crû, Madame ? C'eſt le Roy.

HERMIONNE.

Ah ! cours apres Oreſte, & dy luy, ma Cleonne,
Qu'il n'entreprenne rien ſans reuoir Hermionne.

SCENE V.

PYRRHVS, HERMIONNE, PHOENIX.

PYRRHVS.

Vous ne m'attendiez pas, Madame, & je voy bien
Que mon abord icy trouble vostre entretien.
Ie ne viens point armé d'vn indigne artifice
D'vn voile d'equité couurir mon injustice.
Il suffit, que mon cœur me condamne tout bas,
Et je soûtiendrois mal ce que je ne croy pas.
I'épouse vne Troyenne. Oüy, Madame, & j'auouë
Que je vous ay promis la foy, que je luy vouë.
Vn autre vous diroit, que dans les champs Troyens
Nos deux Peres sans nous formerent ces liens,
Et que sans consulter ny mon cœur ny le vostre,
Nous fusmes sans amour engagez l'vn à l'autre.
Mais c'est assez pour moy que je me sois soûmis.
Par mes Ambassadeurs mon cœur vous fut promis.
Loin de les reuoquer, je voulus y souscrire.
Ie vous vis auec eux arriuer en Epire.
Et quoy que d'vn autre œil l'éclat victorieux
Eust déja préuenu le pouuoir de vos yeux;
Ie ne m'arrestay point à cette ardeur nouuelle.
Ie voulus m'obstiner à vous estre fidelle.
Ie vous receûs en Reine, & iusques à ce jour,
I'ay cru que mes sermẽs me tiendroiẽt lieu d'amour.

Mais cét amour l'emporte. Et par vn coup funeste,
Andromaque m'arrache vn cœur qu'elle déteste.
L'vn par l'autre entraisnez, nous courons à l'Autel
Nous jurer, malgré nous, vn amour immortel.
Apres cela, Madame, éclatez contre vn Traistre,
Qui l'est auec douleur, & qui pourtant veut l'estre.
Pour moy, loin de contraindre vn si iuste courroux,
Il me soulagera peut-estre autant que vous.
Donnez-moy tous les noms destinez aux Parjures.
Ie crains vostre silence, & non pas vos injures,
Et mon Cœur souleuant mille secrets témoins,
M'en dira d'autant plus que vous m'en direz moins.

HERMIONNE.

Seigneur, dans cét aueu dépoüillé d'artifice,
I'aime à voir que du moins vous vous rendiez justice,
Et que voulant bien rompre vn nœud si solennel,
Vous vous abandonniez au crime en criminel.
Est-il juste apres tout, qu'vn Conquerant s'abaisse
Sous la seruile loy de garder sa promesse?
Non, non, la Perfidie a dequoy vous tenter.
Et vous ne me cherchez que pour vous en vanter.
Quoy? Sans que ny serment, ny deuoir vous retienne,
Rechercher vne Grecque, Amant d'vne Troyenne?
Me quitter, me reprendre, & retourner encor
De la Fille d'Helene, à la Veuue d'Hector?
Couronner tour à tour l'Esclaue, & la Princesse,
Immoler Troye aux Grecs, au Fils d'Hector la Grece?
Tout cela part d'vn cœur tousiours maistre de soy,
D'vn Heros qui n'est point Esclaue de sa foy.

Pour plaire à vostre Espouse, il vous faudroit peut-
estre
Prodiguer les doux noms de Parjure, & de Traistre.
Vostre grãd cœur sans doute attẽd apres mes pleurs,
Pour aller dans ses bras joüir de mes douleurs ?
Chargé de tant d'honneur il veut qu'on le renuoye ?
Mais, Seigneur, en vn jour ce seroit trop de joye.
Et sans chercher ailleurs des titres empruntez,
Ne vous suffit-il pas de ceux que vous portez ?
Du vieux Pere d'Hector la valeur abbatuë
Aux pieds de sa Famille expirante à sa veuë,
Tandis que dans son sein vostre bras enfoncé
Cherche vn reste de sang que l'âge auoit glacé ;
Dans des ruisseaux de sang Troye ardante plongée,
De vostre propre main Polyxene esgorgée
Aux yeux de tous les Grecs indignez contre vous,
Que peut-on refuser à ces genereux coups ?

PYRRHVS.

Madame, je sçay trop, à quel excés de rage
L'ardeur de vous vanger emporta mon courage.
Ie puis me plaindre à vous du sang que j'ay versé.
Mais enfin je consens d'oublier le passé.
Ie rends graces au Ciel, que vostre indifference
De mes heureux soûpirs m'aprenne l'innocence.
Mon cœur, je le voy bien, trop prompt à se gesner,
Deuoit mieux vous connoistre, & mieux s'examiner.
Mes remords vous faisoient vne injure mortelle,
Il faut se croire aimé, pour se croire infidelle.
Vous ne prétendiez point m'arrester dans vos fers.
I'ay craint de vous trahir, peut-estre je vous sers.
Nos Cœurs n'estoient point faits dépendans l'vn
de l'autre.
Ie suiuois mon deuoir, & vous cediez au vostre.

Rien ne vous engageoit à m'aimer en effet.

HERMIONNE.

Ie ne t'ay point aimé, Cruel? Qu'ay-je donc fait?
I'ay dédaigné pour toy les vœux de tous nos Princes,
Ie t'ay cherché moy-mesme au fonds de tes Prouinces.
I'y suis encor, malgré tes infidelitez,
Et malgré tous mes Grecs honteux de mes bontez.
Ie leur ay commandé de cacher mon injure,
I'attendois en secret le retour d'vn Parjure,
I'ay crû que tost ou tard à ton deuoir rendu,
Tu me rapporterois vn Cœur qui m'estoit dû.
Ie t'aimois inconstant, qu'aurois-je fait fidelle?
Et mesme en ce moment, où ta bouche cruelle
Vient si tranquillement m'annoncer le trespas,
Ingrat, je doute encor, si je ne t'aime pas.
Mais, Seigneur, s'il le faut, si le Ciel en colere
Reserue à d'autres yeux la gloire de vous plaire,
Acheuez vostre hymen, j'y consens. Mais du moins
Ne forcez pas mes yeux d'en estre les témoins.
Pour la derniere fois je vous parle peut-estre,
Differez-le d'vn jour, demain vous serez maistre.
Vous ne répondez point. Perfide, je le voy,
Tu contes les momens que tu perds auec moy.
Ton cœur impatient de reuoir sa Troyenne,
Ne souffre qu'à regret qu'vn autre t'entretienne,
Tu luy parles du cœur, tu la cherches des yeux.
Ie ne te retiens plus, sauue-toy de ces lieux.
Va luy jurer la foy, que tu m'auois jurée.
Va profaner des Dieux la Majesté sacrée.
Ces Dieux, ces justes Dieux n'auront pas oublié,
Que les mesmes sermens auec moy t'ont lié.

Porte aux pieds des Autels ce Cœur qui m'abandonne.
Va, cours. Mais crains encor d'y trouuer Hermionne.

SCENE VI.

PYRRHVS, PHOENIX.

PHOENIX.

SEigneur, vous l'entendez. Gardez de negliger
Vne Amante en fureur, qui cherche à se vanger.
Elle n'est en ces lieux que trop bien appuyée,
La querelle des Grecs à la sienne est liée.
Oreste l'aime encore. Et peut-estre à ce prix...

PYRRHVS.

Andromaque m'attend. Phoenix, garde son Fils.

Fin du quatrième Acte.

ACTE V.

SCENE PREMIERE.

HERMIONNE *seule.*

OV suis-je? Qu'ay-je fait? Que dois-je faire encore?
Quel transport me saisit? Quel chagrin me deuore?
Errante, & sans dessein, je cours dans ce Palais.
Ah! ne puis-je sçauoir si j'aime, ou si je hais!
Le Cruel! De quel œil il m'a congediée?
Sans pitié, sans douleur, au moins estudiée.
Ay-je veû ses regards se troubler vn moment?
En ay-je pû tirer vn seul gemissement?
Muet à mes soûpirs, tranquille à mes allarmes,
Sembloit-il seulement qu'il eust part à mes larmes?
Et je le plains encore? Et pour comble d'ennuy
Mon cœur, mon lasche cœur s'interesse pour luy?
Ie tremble au seul penser du coup qui le menasse?
Et preste à me vanger ie luy fais déja grace?
Non, ne reuoquons point l'arrest de mon courroux,
Qu'il perisse. Aussi bien il ne vit plus pour nous.

Le Perfide triomphe, & se rit de ma rage.
Il pense voir en pleurs dissiper cét orage.
Il croit que tousiours foible, & d'vn cœur incertain,
Ie pareray d'vn bras les coups de l'autre main.
Il juge encor de moy par mes bontez passées.
Mais plûtost le Perfide a bien d'autres pensées.
Triomphant dans le Temple, il ne s'informe pas
Si l'on souhaite ailleurs sa vie, ou son trépas.
Il me laisse, l'Ingrat! cét embarras funeste.
Non, non, encore vn coup, laissons agir Oreste.
Qu'il meure, puis qu'enfin il a dû le preuoir,
Et puis qu'il m'a forcée enfin à le vouloir.
A le vouloir? Hé quoy? C'est donc moy qui l'ordonne?
Sa Mort sera l'effet de l'amour d'Hermionne?
Ce Prince, dont mon cœur se faisoit autrefois,
Auec tant de plaisir, redire les Exploits,
A qui mesme en secret ie m'estois destinée,
Auant qu'on eust conclu ce fatal hymenée,
Ie n'ay donc trauersé tant de mers, tant d'Estats,
Que pour venir si loin preparer son trépas,
L'assassiner, le perdre? Ah deuant qu'il expire...

SCENE II.

HERMIONNE, CLEONNE.

HERMIONNE.

AH ! qu'ay-je fait, Cleonne ? Et que viens-tu me dire ?
Que fait Pyrrhus ?

CLEONNE.

Il est au comble de ses vœux,
Le plus fier des Mortels, & le plus amoureux.
Ie l'ay veû vers le Temple, où son hymen s'apreste,
Mener en Conquerant sa nouuelle Conqueste,
Et d'vn œil qui déja deuoroit son espoir,
S'enyurer, en marchant, du plaisir de la voir.
Andromaque, au trauers de mille cris de joye,
Porte iusqu'aux Autels le souuenir de Troye,
Incapable tousiours d'aimer, & de haïr,
Sans joye, & sans murmure elle semble obeïr.

HERMIONNE.

Et l'Ingrat ? Iusqu'au bout il a poussé l'outrage ?
Mais as-tu bien, Cleonne, obserué son visage ?

Gouste-t'il des plaisirs tranquilles & parfaits?
N'a-t'il point détourné ses yeux vers le Palais?
Dy-moy, ne t'es-tu point presentée à sa veuë?
L'Ingrat a-t'il rougy, lors qu'il t'a reconnuë?
Son trouble auoüoit-il son infidelité?
A-t'il iusqu'à la fin soûtenu sa fierté?

CLEONNE.

Madame, il ne voit rien. Son salut, & sa gloire
Semblent estre auec vous sortis de sa memoire.
Sans songer qui le suit, Ennemis, ou Sujets,
Il poursuit seulement ses amoureux projets.
Autour du Fils d'Hector il a rangé sa Garde,
Et croit que c'est luy seul que le peril regarde.
Phœnix mesme en répond, qui l'a conduit exprés
Dans vn Fort éloigné du Temple & du Palais.
Voila, dans ses transports, le seul soin qui luy reste.

HERMIONNE.

Le Perfide! Il mourra. Mais que t'a dit Oreste?

CLEONNE.

Oreste, auec ses Grecs, dans le Temple est entré.

HERMIONNE.

Hé bien? A me vanger n'est-il pas preparé?

CLEONNE.

Ie ne sçay.

HERMIONNE.

Tu ne sçais ? Quoy donc Oreste encore,
Oreste me trahit ?

CLEONNE.

Oreste vous adore.
Mais de mille remords son esprit combattu
Croit tantost son amour, & tantost sa vertu.
Il respecte en Pyrrhus l'honneur du Diadême.
Il respecte en Pyrrhus Achile, & Pyrrhus même.
Il craint les Grecs, il craint l'Vniuers en courroux.
Mais il se craint, dit-il, soy-mesme plus que tous.
Il voudroit en Vainqueur vous apporter sa teste.
Le seul nom d'Assassin l'épouuante & l'arreste.
Enfin il est entré, sans sçauoir dans son cœur,
S'il en deuoit sortir Coupable, ou Spectateur.

HERMIONNE.

Non, non, il les verra triompher sans obstacle,
Il se gardera bien de troubler ce spectacle.
Ie sçay de quels remords son courage est atteint.
Le lasche craint la mort, & c'est tout ce qu'il craint.
Quoy ? sans qu'elle employast vne seule priere,
Ma Mere en sa faueur arma la Grece entiere ?
Ses yeux pour leur querelle, en dix ans de combats,
Virent perir vingt Rois, qu'ils ne connoissoient pas ?
Et moy ie ne prétens que la mort d'vn Parjure,
Et ie charge vn Amant du soin de mon injure,

Il peut me conquerir à ce prix, sans danger,
Ie me liure moy-mesme, & ne puis me vanger?
Allons. C'est à moy seule, à me rendre justice.
Que de cris de douleur le Temple retentisse.
De leur hymen fatal troublons l'euenement,
Et qu'ils ne soient vnis, s'il se peut, qu'vn moment.
Ie ne choisiray point dans ce desordre extréme.
Tout me sera Pyrrhus, fust-ce Oreste luy-mesme.
Ie mourray. Mais au moins ma mort me vangera,
Ie ne mourray pas seule, & quelqu'vn me suiura.

SCENE III.

ORESTE, ANDROMAQVE, HERMIONNE, CLEONNE, CEPHISE, Soldats d'ORESTE.

ORESTE.

Madame, c'en est fait. Et vous estes seruie.
Pyrrhus rend à l'Autel son infidelle vie.

HERMIONNE.

Il est mort?

ORESTE.

Il expire. Et nos Grecs irritez
Ont laué dans son sang ses infidelitez.
Ie vous l'auois promis. Et quoy que mon courage
Se fist de ce complot vne funeste image,
I'ay couru vers le Temple, où nos Grecs dispersez
Se sont jusqu'à l'Autel dans la foule glissez.
Pyrrhus m'a reconnu. Mais sans changer de face,
Il sembloit que ma veuë excitast son audace,
Que tous les Grecs brauez en leur Ambassadeur
Deussent de son Hymen releuer la splendeur.
Enfin auec transport prenant son Diadême,
Sur le front d'Andromaque il l'a posé luy-même.
Ie vous donne, a-t'il dit, ma Couronne, & ma Foy;
Andromaque, regnez sur l'Epire & sur moy,

Ie vouë à vostre Fils vne amitié de Pere,
I'en atteste les Dieux, je le jure à sa Mere.
Pour tous mes Ennemis je declare les siens,
Et je le reconnoy pour le Roy des Troyens.
A ces mots, qui du Peuple attiroient le suffrage,
Nos Grecs n'ont répondu que par vn cry de rage,
L'Infidelle s'est vû par tout enuelopper,
Et je n'ay pû trouuer de place pour frapper.
Chacun se disputoit la gloire de l'abbatre.
Ie l'ay veû dans leurs mains quelque temps se debattre,
Tout sanglant à leurs coups vouloir se dérober,
Mais enfin à l'Autel il est allé tomber.
Du Peuple épouuanté j'ay trauersé la presse,
Pour venir de ces lieux enleuer ma Princesse,
Et regagner le Port, où bien-tost nos Amis
Viendront couuerts du sang, que je vous ay promis.

HERMIONNE.

Qu'ont-ils fait!

ORESTE.

Pardonnez à leur impatience.
Ils ont, je le voy bien, trahy vostre vangeance.
Vous vouliez que ma main portast les premiers coups,
Qu'il sentist en mourant qu'il expiroit pour vous.
Mais c'est moy, dont l'ardeur leur a seruy d'exemple,
Ie les ay pour vous seule entraînez dans le Temple,
Madame, & vous pouuez justement vous flatter
D'vne mort, que les Grecs n'ont fait qu'executer,
Vous seule auez poussé les coups....

HERMIONNE.

Tay toy, Perfide,
Et n'impute qu'à toy ton lasche Parricide.
Va faire chez tes Grecs admirer ta fureur,
Va, je la desauouë, & tu me fais horreur.
Barbare qu'as-tu fait? auec quelle furie
As-tu tranché le cours d'vne si belle vie?
Auez-vous pû, Cruels, l'immoler aujourd'huy,
Sans que tout vostre sang se soûleuast pour luy?
Mais parle. De son sort qui t'a rendu l'arbitre?
Pourquoy l'assassiner? Qu'a-t'il fait? A quel titre?
Qui te l'a dit?

ORESTE.

O Dieux! Quoy ne m'auez-vous pas
Vous-mesme, icy, tantost, ordonné son trépas?

HERMIONNE.

Ah! Faloit-il en croire vne Amante insensée?
Ne deuois-tu pas lire au fonds de ma pensée?
Et ne voyois-tu pas dans mes emportemens,
Que mon cœur démentoit ma bouche à tous momens?
Quand je l'aurois voulu, faloit-il y souscrire?
N'as-tu pas dû cent fois te le faire redire,
Toy-mesme auant le coup me venir consulter,
Y reuenir encore, ou plûtost m'éuiter?
Que ne me laissois-tu le soin de ma vangeance?
Qui t'ameine en des lieux, où l'on fuit ta presence?

Voila de ton amour le deteſtable fruit.
Tu m'apportois, Cruel, le malheur qui te ſuit.
C'eſt toy, dont l'Ambaſſade à tous les deux fatale,
L'a fait pour ſon malheur pancher vers ma Riuale;
Nous le verrions encor nous partager ſes ſoins,
Il m'aimeroit peut-eſtre, il le feindroit du moins.
Adieu. Tu peux partir. Ie demeure en Epire,
Ie renonce à la Grece, à Sparte, à ſon Empire,
A toute ma Famille. Et c'eſt aſſez pour moy,
Traiſtre, qu'elle ait produit vn monſtre comme toy.

SCENE IV.

ORESTE, Soldats d'Oreſte.

ORESTE.

QVe voy-je? Eſt-ce Hermionne? Et que viens-je d'entendre?
Pour qui coule le ſang que je viens de répandre?
Ie ſuis, ſi je l'en crois, vn Traiſtre, vn Aſſaſſin.
Eſt-ce Pyrrhus qui meurt? & ſuis-je Oreſte enfin?
Quoy? j'étouffe en mon cœur la raiſon qui m'éclaire.
I'aſſaſſine à regret vn Roy que je reuere.
Ie viole en vn jour les droits des Souuerains,
Ceux des Ambaſſadeurs, & tous ceux des Humains;
Ceux-meſme des Autels, où ma fureur l'aſſiege.
Ie deuiens Parricide, Aſſaſſin, Sacrilege.
Pour qui? Pour vne Ingrate, à qui je le promets,
Qui meſme, s'il ne meurt, ne me verra jamais,
Dont j'épouſe la rage. Et quand je l'ay ſeruie,
Elle me redemande & ſon ſang & ſa vie!
Elle l'aime! & je ſuis vn monſtre furieux!
Ie la voy pour jamais s'éloigner de mes yeux,
Et l'Ingrate, en fuyant, me laiſſe pour ſalaire
Tous les noms odieux que j'ay pris pour luy plaire!

SCENE V.

ORESTE, PYLADE, Soldats d'Oreste.

PYLADE.

IL faut partir, Seigneur. Sortons de ce Palais,
Ou bien resoluons-nous de n'en sortir jamais.
Nos Grecs pour vn moment en défendent la Porte.
Tout le Peuple assemblé nous poursuit à main forte.
Aux ordres d'Andromaque icy tout est soûmis,
Ils la traitent en Reyne, & nous comme Ennemis.
Andromaque elle-mesme à Pyrrhus si rebelle,
Luy rend tous les deuoirs d'vne Veuve fidelle,
Commande qu'on le vange. Et peut-estre qu'encor,
Elle poursuit sur nous la vangeance d'Hector.
Allons. N'attendons pas que l'on nous enuironne,
Nos Grecs nous rejoindront. Et tandis qu'Hermionne
Tient encore le Peuple autour d'elle arresté,
Voila nostre chemin, sortons en seureté.

ORESTE.

Non, non, c'est Hermionne, Amis, que je veux suiure,
A son dernier courroux, je ne puis plus suruiure:

Partez, j'ay fait le crime, & je vais l'expier.

PYLADE.

Hermionne, Seigneur? Il la faut oublier.
Quoy tousiours l'instrument, & l'objet de sa rage,
Cherchez-vous chez les Morts quelque nouuel outrage?
Et parce qu'elle meurt, faut-il que vous mouriez?

ORESTE.

Elle meurt? Dieux. Qu'entens-je!

PYLADE.

Hé quoy? vous l'ignoriez?
En rentrant dans ces lieux nous l'auons rencontrée,
Qui couroit vers le Temple, inquiete, égarée.
Elle a trouué Pyrrhus, porté sur des Soldats,
Que son sang excitoit à vanger son trépas.
Sans doute, à cét objet sa rage s'est émuë.
Mais du haut de la porte enfin nous l'auons veuë,
Vn poignard à la main, sur Pyrrhus se courber,
Leuer les yeux au Ciel, se frapper, & tomber.

ORESTE.

Grace aux Dieux! Mon mal-heur passe mon esperance.
Oüy, je te louë, ô Ciel! de ta perseuerance.
Appliqué sans relasche au soin de me punir,
Au comble des douleurs tu m'as fait paruenir.

Ta haine a pris plaisir à former ma misere,
I'estois né, pour seruir d'exemple à ta colere,
Pour estre du Mal-heur vn modelle accomply ;
Hé bien, je meurs content, & mon sort est remply.
Où sont ces deux Amans ? Pour couronner ma joye,
Dans leur sang, dans le mien, il faut que je me noye :
L'vn & l'autre en mourant, je les veux regarder.
Réünissons trois cœurs, qui n'ont pû s'accorder,
Mais quelle épaisse nuit tout à coup m'enuironne ?
De quel costé sortir ? D'où vient que je frissonne ?
Quelle horreur me saisit ? Grace au Ciel, j'entreuoy.
Dieux ! Quels ruisseaux de sang coulent autour de moy !

PYLADE.

Ah Seigneur !

ORESTE.

Quoy, Pyrrhus, je te rencontre encore ?
Trouueray-je par tout vn Riual que j'abhorre ?
Percé de tant de coups comment t'es-tu sauué ?
Tiens, tiens, voila le coup que je t'ay reserué.
Mais que vois-je ? A mes yeux Hermionne l'embrasse ?
Elle vient l'arracher au coup qui le menasse ?
Dieux, quels affreux regards elle jette sur moy !
Quels Demons, quels serpens traisne-t'elle apres soy ?
Hé bien, Filles d'Enfer, vos mains sont-elles prestes ?
Pour qui sont ces Serpens qui sifflent sur vos testes ?
A qui destinez-vous l'appareil qui vous suit ?
Venez-vous m'enleuer dans l'eternelle Nuit ?

Venez, à vos fureurs Oreste s'abandonne.
Mais non, retirez-vous, laissez faire Hermionne;
L'Ingrate mieux que vous sçaura me déchirer,
Et je luy porte enfin mon cœur à deuorer.

PYLADE.

Il perd le sentiment. Amis, le temps nous presse,
Ménageons les momens que ce transport nous laisse.
Sauuons-le. Nos efforts deuiendroient impuissans,
S'il reprenoit icy sa rage auec ses sens.

FIN.

EXTRAIT DV PRIVILEGE du Roy.

PAR Grace & Priuilege du Roy, donné à Saint Germain en Laye le 12. Mars 1673. ſigné, Par le Roy en ſon Conſeil, DESVIEVX: Il eſt permis au Sieur RACINE de faire réimprimer, vendre & debiter par tel Imprimeur ou Libraire qu'il voudra choiſir, quatre Pieces de Theatre par luy composées, intitulées *La Thebaïde ou les Freres Ennemis, Alexandre le Grand, Andromaque, & les Plaideurs*; & ce conjointement ou ſeparément pendant le temps & eſpace de dix années, à compter du jour qu'elles ſeront acheuées d'imprimer pour la premiere fois en vertu des preſentes; durant lequel temps faiſons tres-expreſſes inhibitions & deffenſes à toutes perſonnes de quelque qualité & condition qu'elles ſoient, d'en faire imprimer, vendre ny debiter d'autres exemplaires que de ceux qui auront eſté imprimez de ſon conſentement, à peine de ſix mil liures d'amende, payable ſans deport par chacun des contreuenans, confiſcation des exemplaires contrefaits, de tous despens, dommages & interests, & autres peines portées par ledit Priuilege.

Registré sur le Liure de la Communauté des Marchands Libraires & Imprimeurs de cette ville de Paris, suiuant l'Arrest du Parlement du 8. Auril 1653. & celuy du Conseil Priué du Roy du 27. Fevrier 1665.

Signé THIERRY, Syndic.

Acheué d'imprimer pour la premiere fois le 6. Iuin 1673.